A Lírica do Consumo

Coleção AZUL de Comunicação e Cultura

Direção

Osvando J. de Morais
Luiz C. Martino
Plinio Martins Filho

Conselho Editorial

Beatriz Mugayar Kühl
Gustavo Piqueira
João Angelo Oliva Neto
José de Paula Ramos Jr.
Leopoldo Bernucci
Lincoln Secco
Luís Bueno
Luiz Tatit
Marcelino Freire
Marco Lucchesi
Marcus Vinicius Mazzari
Marisa Midori Deaecto
Paulo Franchetti
Solange Fiúza
Vagner Camilo
Wander Melo Miranda
Walnice Nogueira Galvão

JOÃO ANZANELLO CARRASCOZA

A Lírica do Consumo
literatura e publicidade

Ateliê Editorial

Copyright © 2023 João Anzanello Carrascoza

Direitos reservados e protegidos pela Lei 9.610 de 19 de fevereiro de 1998.
É proibida a reprodução total ou parcial sem autorização, por escrito, da editora.

Dados Internacionais de Catalogação na Publicação (CIP)
(Câmara Brasileira do Livro, SP, Brasil)

Carrascoza, João Anzanello
   A *Lírica do Consumo: Literatura e Publicidade* / João Anzanello
Carrascoza. – 1. ed. – Cotia, SP: Ateliê Editorial, 2023. – (Coleção Azul
de Comunicação e Cultura)

Bibliografia.
ISBN 978-65-5580-098-2

1. Comunicação e linguagem 2. Jornalismo
3. Literatura 4. Publicidade I. Título. II. Série.

23-146209   CDD-401

Índices para catálogo sistemático:

1. Literatura e línguagem: Aspectos culturais   401

Aline Graziele Benitez – Bibliotecária – CRB-1/3129

Direitos reservados à
ATELIÊ EDITORIAL
Estrada da Aldeia de Carapicuíba, 897
06709-300 – Granja Viana – Cotia – SP
Tel.: (11) 4702-5915
www.atelie.com.br | contato@atelie.com.br
facebook.com/atelieeditorial | blog.atelie.com.br

2023
Printed in Brazil
Foi feito o depósito legal

Sumário

Uma Apresentação Lírica 11

I. LITERATURA E CONSUMO: UMA LEITURA DO
CLÁSSICO *VIDAS SECAS* 13

1. Uma Introdução por Meio dos Clássicos 13
2. O Consumo: Objeto de Estudo Consumado 19
3. O Consumo como Um Sistema Classificatório 22
4. O Consumo e os Signos Flutuantes. 25
5. O Consumo por Uma Visão Caleidoscópica 29
6. De Volta ao Futuro. 33

II. A LÓGICA PRODUTIVA DA PUBLICIDADE EM
"ESCRITO NA TESTA", DE PRIMO LEVI 35

1. A Publicidade Objetivada no Corpo Humano 35
2. Primo Levi e o Homem Condenado a Ser Homem. 37
3. O Homem é o Meio da Mensagem. 38
4. A Marca Publicitária entre Dois Amores 42
5. O Desfecho Demasiadamente "Humano" 49

III. O CONSUMO E A DISTINÇÃO EM UM CONTO
DE LIMA BARRETO 51

1. Automóvel: O Sonho de Consumo
na Estrada Literária 51
2. Um Enredo com as Tintas da Distinção 53
3. O Presente, o Carro e o Motorista 59
4. O Consumo Visto Pelo Retrovisor 65

IV. "NATAL NA BARCA", DE LYGIA FAGUNDES
TELLES, E A FÉ NO CONSUMO 67

1. Início da Travessia: Mundos de Luz e Sombra 67
2. A Narrativa de Um Dano e a Fé
em sua Reparação. 71
3. O Discurso Ressuscita a Fé no Consumo 84

V. SCOTT FITZGERALD E O TRABALHO
PUBLICITÁRIO: UMA *JAM SESSION* 87

1. Improviso, *Jam Session* e Criação Publicitária 87
2. Porque o *Show* Publicitário Não Pode Parar. 91
3. Publicitários: Artistas da Razão ou *Mad Men?* 101
4. Notas Finais 105

VI. O CONSUMO E O DISCURSO PUBLICITÁRIO
NO CONTO "O PÔSTER" DE
LUIS FERNANDO VERISSIMO 107

1. Consumo, Logo me Comunico. 107
2. Verissimo: Um Escritor Vindo da Publicidade 110
3. A Memória Discursiva e os Dizeres Publicitários 113
4. Concluindo: O Retrato na Parede às Vezes Dói 121

VII. O CONSUMO, O ESTILO E O PRECÁRIO
NA POESIA DE MANOEL DE BARROS 123

1. Cada Autor com a sua Marca. 123
2. Estilo: A Essência do Consumo Literário 127
3. O Precário: Um Traço Estilístico Vital
de Manoel de Barros. 130
4. Em Suma: O Consumo se Mantém
Graças ao Precário 135

VIII. NO ROMANCE *NADA*. O CONSUMO
E O DISCURSO NIILISTA DA PUBLICIDADE. 137

1. O Nada Significante 137
2. O Significado: Histórico e Socialmente Construído   141
3. Uma Corrente Discursiva Macabra. 147

IX. "SEMPLICA GIRL", DE GEORGE SAUNDERS.
O CONSUMO DE AMANHÃ NO "DIÁRIO
DE UM CONSUMIDOR". 153

1. Um "Belo" Retrato da Vida e da Época 153
2. As Marcas Comerciais, a Linguagem "Calculista"   156
3. Cartões de Crédito, Dívidas, Loteria. 163
4. Na História Vivida, o Valor do Futuro. 169

X. A ENORME MÍDIA: A VIDA COTIDIANA NUMA
HISTÓRIA DE JOHN CHEEVER. 173

1. Da Vida para o Vídeo. E Vice-Versa 173
2. A Lírica da Superfície:
A Vida como Ela É na Mídia?. 175
3. A Diversão dá Lugar à Apostasia 181
4. Conclusão: Minha Dor É Só Minha 186

XI. O CONSUMO E O NÃO CONSUMO EM "UMA
QUESTÃO TEMPORÁRIA", DE JHUMPA LAHIRI.... 189

1. Faça o Escuro, e a Luz se Faz 189
2. O Não-Consumo de um Bem é o
Consumo de Outro......................... 191
3. Ditos e Não Ditos. O Consumo como
Enunciação do Não-Consumo 194
4. Pela Preservação das Reservas de Escuro 203

XII. SUÍTE ACADÊMICA: APONTAMENTOS POÉTICOS
PARA ELABORAÇÃO DE PROJETOS DE PESQUISA
EM COMUNICAÇÃO 205

1. Abertura...................................... 205
2. Projeto 206
3. Título....................................... 206
4. Resumo 207
5. Palavras-Chave............................... 208
6. Tema....................................... 208
7. Introdução 209
8. Objeto 210
9. Problema 211
10. Objetivos 211
11. Justificativa................................. 212
12. Referências 213
13. Metodologia 214
14. Conclusões 214
15. Anexos 215

REFERÊNCIAS BIBLIOGRÁFICAS 217

Uma Apresentação Lírica

Esta obra: uma rosácea. Cada texto que a compõe: uma unidade que se despetalou. Foram levadas pelo vento, uma a uma, a se misturar em folhas de revistas. O caule pendeu, deserto. Mas, unidades isoladas, nutridas pela mesma terra, filhas de uma única raiz e sob a irrigação de uma seiva comum, clamam silenciosamente pela volta à sua condição primeira. Sozinhas, portam o seu todo, mas só parte do que são. Sonham se reconhecer, essa naquela, aquela nessa – e de mãos dadas vão mais forte e longe. Assim as apresento, repetaladas em sua rosácea original.

I. Literatura e Consumo: Uma Leitura do Clássico *Vidas Secas*[1]

1. UMA INTRODUÇÃO POR MEIO DOS CLÁSSICOS

Os estudos de Bakhtin sobre a linguagem abriram caminho para o entendimento do discurso como uma dispersão de textos sociais no avançar da História. A própria palavra discurso, nos lembra Orlandi, traz em si a ideia de curso, de percurso, algo em contínuo movimento[2]. Seguindo os preceitos da Análise de Discurso, sabemos que os textos são fatos discursivos. É neles que a discursividade se materializa. Portanto, é por meio de um ou vários textos enunciados que podemos analisar o discurso.

O dialogismo é elemento constituinte e determinante do discurso, e, na esfera discursiva, os textos se entrelaçam, se atraem e se repelem, significam e se ressignificam. A intertextualidade é explorada como estratégia de enunciação, visando produzir empatia entre o enunciador e o enunciatário em virtude de conteúdos culturais por ambos partilhados.

---

1. Texto originalmente publicado na revista *Signos do Consumo*, São Paulo, vol. 9, n. 2, pp. 93-105, jul.-dez. 2017.
2. Eni Puccinelli Orlandi, *Análise de Discurso. Princípios & Procedimentos*, p. 15.

Assim como existe esse diálogo interno de textos, há também a transposição de um texto de seu domínio original para outro domínio, visando também uma interação discursiva. Bettetini, estudando a linguagem audiovisual, denominou tal deslocamento de retextualização[3].

Nosso objetivo neste capítulo é retextualizar o romance *Vidas Secas*, de Graciliano Ramos, para o estudo do consumo e da comunicação. Retiramos esse clássico de seu domínio, a arte literária, e o levamos para o domínio científico. Numa de suas tentativas de definição, Calvino afirma que os clássicos "são aqueles livros que chegam até nós trazendo consigo as marcas das leituras que precederam a nossa e atrás de si os traços que deixaram na cultura ou nas culturas que atravessaram (ou mais simplesmente na linguagem ou nos costumes)"[4].

Dois casos, entre outros, de retextualizações de obras literárias para o estudo das práticas de consumo são exemplares do tipo de acoplamento analítico que pretendemos aqui.

O primeiro, obra já clássica sobre a modernidade, é a leitura de Walter Benjamin dos poemas de Baudelaire, elemento chave em seu pensamento filosófico. Em *Passagens*, Benjamin estuda a cenografia histórica do século XIX, na qual Paris, a cidade-vitrine, oferece abundantemente as mercadorias do mundo inteiro. Baudelaire a tematiza em *Les Fleurs du Mal* e, sobretudo, no *Spleen de Paris,* com sua galeria de gente (transeuntes, saltimbancos, operários, mendigos) e seus espaços elegantes ou subterrâneos (ruas, bulevares, cafés, bordéis). A prosa de Baudelaire nesse *spleen* revela a "passagem" da cidade de Paris para metrópole, de seu tempo de "flores" para uma nova era, do "mal"[5].

O segundo exemplo, focado nas raízes históricas da cultura do consumo, é a retextualização de Michael Schudson do ro-

---

3. Gianfranco Bettetini, *La Conversación Audiovisual*.
4. Italo Calvino, *Por Que Ler os Clássicos*, p. 11.
5. Olgária Matos, "A Cena Primitiva. Capitalismo e Fetiche em Walter Benjamin".

14 A LÍRICA DO CONSUMO

mance *Sister Carrie*, de Theodore Dreiser. Caroline Meeber (Sister Carrie), a protagonista, parte em busca de fortuna da pequena cidade de Midwestern para Chicago. Nas primeiras páginas da história, Schudson identifica a nova sociedade (do consumo) que se estabelecia nos Estados Unidos. Carrie faz a viagem de trem, meio de transporte de um mundo moderno, que ela ingressa logo ao embarcar. O sentimento de Carrie ao caminhar pelas ruas de Chicago, o cotidiano de seu trabalho numa loja de departamentos – que, assim como as ruas e a estação de trem, tornaram-se um novo tipo de local público –, os anúncios nos jornais (que divulgavam os bens disponíveis e seus preços) e demais detalhes da trama são índices que Schudson explora para investigar os primórdios da cultura do consumo na sociedade norte-americana[6].

Pois bem, nossa escolha recaiu sobre *Vidas Secas*, história de uma família de retirantes nordestinos (o vaqueiro Fabiano, sua mulher Sinhá Vitória, seus dois filhos e a cachorra Baleia). É a obra de Graciliano Ramos, segundo Álvaro Lins, que "contém maior sentimento da terra nordestina, daquela parte que é áspera, dura e cruel, sem deixar de ser amada pelos que a ela estão ligados teluricamente. O que impulsiona os seres desta novela, o que lhes marca a fisionomia e os caracteres, é o fenômeno da seca"[7]. A guiar-nos pelo seu próprio título, o livro não se mostraria muito produtivo para nossa retextualização. Há muitas obras de ficção, brasileiras e estrangeiras, que, em princípio, poderiam ser mais frutíferas. Mesmo num exame superficial, algumas delas já revelam questões centrais, atinentes ao tema e promissoras para a discussão proposta.

No âmbito dos clássicos em língua estrangeira, por exemplo, a compulsão pelas compras, advinda da ascensão social, da protagonista de *Madame Bovary*, de Gustave Flaubert, é consensual entre a crítica literária – e, de saída, nos conduziria a uma rica investigação. Assim como *O Paraíso das Damas*, romance de Émile Zola

---

6. Michael Schudson, *Advertising: The Uneasy Persuasion*.
7. Álvaro Lins, "Valores e Misérias das Vidas Secas", p. 153.

que, não por acaso, foi recentemente retextualizado para o estudo do surgimento da sociedade de consumo em *Paraíso do Consumo: Émile Zola, a Magia e os Grandes Magazines*, de Everardo Rocha, Marina Frid e William Corbo. Igualmente, *O Grande Gatsby*, de Scott Fitzgerald – no qual um indivíduo pobre, Jay Gatsby, modelo de *self-made man*, torna-se, com o correr dos anos, um recluso milionário –, permite-nos uma larga discussão sobre o consumo e suas ritualizações, se considerarmos o cenário de festas, animadas pelo ritmo do jazz, pulsante no enredo desse romance: a sociedade norte-americana dos anos 1920.

Já *As Coisas: Uma História dos Anos Sessenta*, de George Perec, traz a história de Jerôme e Sylvie, jovem casal que, a um só tempo, pleiteia uma vida contrária às convenções sociais e o desejo de consumir bens (em geral) que lhes dariam distinção. Em muitos trechos da obra, como este, a seguir, em que o narrador esclarece o contexto no qual os personagens estão inseridos (ainda que possamos constatar um entendimento restrito do consumo, que, inclusive, poderia gerar um vetor de estudo), encontramos pontos de relevância para o debate em questão:

> No mundo deles, era quase regra desejar sempre mais do que se podia comprar. Não eram eles que tinham decretado isso, era uma lei da civilização, um dado de fato, de que a publicidade em geral, as revistas, a arte das vitrines, o espetáculo da rua, e até, sob certo aspecto, o conjunto das produções comumente chamadas culturais eram as expressões mais adequadas[8].

Outra passagem, entre tantas, demonstra que tal romance daria uma alentada investigação sobre as mudanças sociais proporcionadas pelas novas práticas de consumo:

---

8. Georges Perec, *As Coisas: Uma História dos Anos Sessenta*, pp. 37-38.

Tudo era novo. Sua sensibilidade, seus gostos, seu lugar, tudo os levava para coisas que eles tinham sempre ignorado. Prestavam atenção em como os outros estavam vestidos; observavam nas vitrines os móveis, os objetos de decoração, as gravatas: sonhavam diante dos anúncios das agências imobiliárias[9].

Quanto a obras literárias de autores brasileiros, uma rápida pesquisa nos aponta ao menos uma dezena de obras, desde as publicadas na segunda metade do século XIX até as primeiras duas décadas do século XX, como as *Memórias Póstumas de Brás Cubas*, de Machado de Assis e seu narrador que, "com a pena da galhofa e a tinta da melancolia", não hesitou em tematizar os hábitos de consumo da elite carioca, a "falsa" mobilidade social no país, além de sua busca pela fama com o lançamento do emplasto anti-hipocondríaco, que levaria ao mundo seu nome impresso na embalagem. Em tempos recentes, podemos citar *Rei do Cheiro*, de João Silvério Trevisan, cuja narrativa evolui plasmando o estilo dos meios de comunicação, o rádio, quando o personagem principal nasce numa família pobre, e a televisão, depois que ele se torna um rico empresário do ramo de cosméticos, o "rei do cheiro", revelando, ao longo do enredo, o conflito entre os discursos midiáticos, suas estratégias de produção e seu consumo pela sociedade. Da mesma forma, as diversas obras de Ferréz, como *Capão Pecado* e *Os Ricos Também Morrem*, entre outras, que "recriam" o universo da periferia paulista e seus diferentes hábitos de consumo e deixam entrever já numa primeira mirada muitas possibilidades de análise do consumo simbólico e das materialidades.

No entanto, tendo feito uma recente releitura de *Vidas Secas*, a propósito das homenagens ao autor pelos cento e vinte anos de seu nascimento, e diante desta outra afirmação de Calvino, de que "é clássico aquilo que persiste como rumor mesmo

---

9. *Idem*, p. 29.

onde predomina a atualidade mais incompatível"[10], decidimos elegê-la para este desafio.

Motivou-nos, também, um artigo de Maria Aparecida Baccega, decana do Programa de Pós-Graduação em Comunicação e Práticas de Consumo da ESPM-SP sobre as relações entre comunicação e consumo, no qual a autora, apoiando-se em Néstor García Canclini, aproxima o conceito de consumo ao de cidadania, ilustrando o direito do cidadão a ter conhecimento do (e acesso ao) consumo com um trecho de *Vidas Secas*, o primeiro em que Sinhá Vitória demonstra o desejo de possuir uma cama igual à do Seu Tomás da bolandeira[11].

Baccega faz uma breve, mas perspicaz, reflexão a partir deste anseio da personagem, manifestado em outras passagens do romance, como se o próprio narrador, pela repetição, estivesse se conscientizando de tal direito:

O livro mostra que sequer a um teto e água – que dirá a uma boa cama – Sinhá Vitória teve acesso. E muito menos a uma cama de couro, cuja posse se restringia ao dono da bolandeira. O objeto que propicia um conforto maior, desejo da mulher, é ponto de chegada de um processo de conhecimento que vem se desenvolvendo através das gerações. Pertence a todos enquanto objeto síntese do alcançado até ali pela "tecnologia" do conforto. Esse também é o ponto de partida para a continuidade do processo de conhecimento que construirá outros muitos e muitos objetos, os quais todos deveriam poder consumir. É legítimo. O que não é legítimo é a segregação[12].

Não obstante a relevância desse trecho do romance de Graciliano Ramos e a sua associação, feita por Baccega, ao direito do sujeito contemporâneo de consumir (bens materiais e simbó-

---

10. Italo Calvino, *Por Que Ler os Clássicos*, p. 15.
11. Maria Aparecida Baccega, "Inter-Relações Comunicação e Consumo na Trama Cultural: O Papel do Sujeito Ativo".
12. *Idem*, pp. 27-28.

licos), o que também faz dele um cidadão e lhe assegura sentido de pertencimento, o excerto é apenas pontual e não consiste numa retextualização, mas numa citação.

Inspirando-nos neste artigo fundador de Baccega, um dos primeiros e mais esclarecedores no processo de constituição do campo "comunicação e consumo", e prestando um tributo a ela, objetivamos aqui alargar os limites dessa articulação primeva, trazendo à luz outros aspectos de *Vidas Secas* pelos quais é possível abordar o estudo das práticas de consumo.

2. O CONSUMO: OBJETO DE ESTUDO CONSUMADO

Vidas Secas foi escrito em quadros, cada capítulo tem sua ação autônoma, podendo ser lido de forma independente, mas se articulando com os demais por meio de suturas narrativas. Álvaro Lins afirma que cada capítulo possui "um valor literário tão indiscutível, aliás, que se poderia escolher qualquer um, conforme o gosto pessoal, para as antologias"[13]. Não por acaso assim o fez Ítalo Moriconi, que escolheu o capítulo "Baleia", centrado na cachorra da família, para integrar a sua coletânea *Os Cem Melhores Contos Brasileiros do Século*.

O livro de Graciliano Ramos começa com o capítulo "Mudança", no qual a família, sedenta e faminta, atravessa durante horas a caatinga rala, à procura de sombra, em meio a ossadas de bichos mortos. Os caminhos cheios de espinhos e seixos, a lama seca e rachada escaldando os pés, o voo negro dos urubus sobre suas cabeças são signos vivos da morte. Na véspera, eram seis os viventes, pois seguia com eles também um papagaio. Mas, como a fome apertara e não havia sinal de comida, Sinhá Vitória "resolvera aproveitá-lo como alimento", enganando a fome de todos, inclusive a da cachorra, a quem couberam os pés, a cabeça e os ossos da ave.

13. Álvaro Lins, "Valores e Misérias das Vidas Secas", p. 152.

Esse episódio inicial do romance nos leva imediatamente a Raymond Williams, segundo o qual um dos primeiros usos do termo "consumir" significava "destruir", "esgotar"[14]. Curiosamente, o oposto a certa estereotipia vigente não apenas na esfera corriqueira, mas também no âmbito acadêmico, nos quais "consumir costuma ser associado a gastos inúteis e compulsões irracionais"[15]. Citando Marx, Baccega diz que "a necessidade pode estar presente no consumo, mas é também por ele reconfigurada, ressignificada. A fome é a fome, mas satisfazê-la com garfo e faca é bem diferente de satisfazê-la com as mãos"[16].

Como se num ato de compensação, no dia seguinte é a cachorra Baleia que adia a morte da família, trazendo nos dentes um preá. Era uma caça miúda, mas, como enuncia o narrador, Fabiano, líder do grupo, queria viver. E Sinhá Vitória igualmente, tanto que se põe a beijar "o focinho de Baleia, e como o focinho estava ensanguentado, lambia o sangue e tirava proveito do beijo"[17]. O sujeito histórico se relaciona com o sujeito consumidor pela sua cultura. Para a mulher do vaqueiro, viver sabe a sangue.

E, mesmo exausta pela caminhada, Sinhá Vitória vai externar seu desejo de repousar numa cama como a de Seu Tomás da bolandeira, e não mais sobre um leito improvisado de varas. Seu Tomás também fugira com a seca, a bolandeira estava parada, mas a mulher, uma vez viva, continuava a desejar uma cama de verdade. Noutro capítulo, numa das páginas mais comoventes da literatura brasileira, a cachorra Baleia, atingida pelos tiros da espingarda de pederneira de Fabiano, agoniza e, em seus esterto-

---

14. Raymond Williams, *Keywords: A Vocabulary of Society and Culture*, p. 68.
15. Néstor García Canclini, *Consumidores e Cidadãos: Conflitos Multiculturais da Globalização*, p. 51.
16. Maria Aparecida Baccega, "Inter-Relações Comunicação e Consumo na Trama Cultural: o Papel do Sujeito Ativo", p. 35.
17. Graciliano Ramos, *Vidas Secas*, p. 14.

res, não desejava senão dormir e sonhar com um mundo cheio de preás gordos e enormes[18].

Em numerosos trechos do romance há conexões entre o consumo e o estilo de vida dos personagens, mas escolhemos o episódio em que a família, já vivendo numas terras onde havia chegado, e onde Fabiano servia ao dono, fazendeiro, dirige-se à cidade para ver os festejos de Natal. O vaqueiro encomendara a Sinhá Terta roupas para ele e os filhos, mas como comprara tecido em quantidade insuficiente, "as roupas tinham saído curtas, estreitas e cheias de emendas". Fabiano, contudo, "tentava não perceber essas desvantagens", ao mesmo tempo em que "Sinhá Vitória, enfronhada no vestido vermelho de ramagens, equilibrava-se mal nos sapatos de salto enorme. Teimava em calçar-se como as moças da rua – e dava topadas no caminho"[19].

Bourdieu, em *Gostos de Classe e Estilos de Vida*, lembra-nos que os grupos conferem sentidos distintos a um mesmo objeto e "ainda que se manifeste como universal, a disposição estética se enraíza nas condições de existência particulares", constituindo a dimensão mais rara e distintiva de um estilo de vida[20]. Então, Fabiano,

> [...] ao pisar a areia do rio, notou que assim não poderia vencer as três léguas que o separavam da cidade. Descalçou-se, meteu as meias no bolso, tirou o paletó, a gravata e o colarinho, roncou aliviado. Sinhá Vitória decidiu imitá-lo: arrancou os sapatos e as meias, que amarrou no lenço. Os meninos puseram as chinelinhas debaixo do braço e sentiram-se à vontade[21].

O grupo assim agiu porque estava ainda no caminho, espaço próximo e similar a seu mundo de árvores amarelas, mas, ao atingir um riacho, nas cercanias da cidade, arruma-se novamen-

---

18. *Idem*, p. 91.
19. *Idem*, p. 71.
20. Pierre Bourdieu, "Gostos de Classe e Estilos de Vida", *Questões de Sociologia*, p. 121.
21. Graciliano Ramos, *Vidas Secas*, p. 72.

te, recongraça-se, embora, naqueles trajes, seriam penosas as horas que passariam ali, no povoado em festa.

Fabiano, em especial, comparava-se aos tipos do lugar e se sentia inferior. Por isso, desviava-se deles, "sabia que a roupa nova cortada e cosida por Sinhá Terta, o colarinho, a gravata, as botinas e o chapéu de baeta o tornavam ridículo"[22]. Como não exercia na cidade aquelas "práticas sociais e culturais que dão sentido de pertencimento"[23], o vaqueiro se embriaga com aguardente e, livrando-se novamente da roupa que não condiz com seu "estilo" de vida, estira-se no cimento, cobre a cabeça com o chapéu e dorme.

Este capítulo, que, na opinião de Álvaro Lins, destaca-se no romance pelo "poder descritivo e pela capacidade de visualização que o ficcionista logrou", junto a uma "sutileza de tons e de notas psicológicas"[24], revela, em alinhamento com Douglas e Isherwood, de que maneira o consumo, visto como um código, ao traduzir muitas de nossas relações sociais, "permite classificar coisas e pessoas, produtos e serviços, indivíduos e grupos"[25].

O consumo não apenas afirma a posição do sujeito na hierarquia social, mas é também – e a conduta de semi "desnudamento" de Fabiano o demonstra –, um campo de contestação social: "ao consumir reproduzimos (sustentamos, desenvolvemos, defendemos, contestamos, imaginamos, rejeitamos) modos de vida específicos, culturalmente significativos"[26].

3. O CONSUMO COMO UM SISTEMA CLASSIFICATÓRIO

Vidas Secas nos permite reconhecer, em várias de suas passagens, como o consumo, de fato, traduz-se num sistema de classi-

---

22. *Idem*, p. 76.
23. Néstor García Canclini, *Consumidores e Cidadãos: Conflitos Multiculturais da Globalização*, p. 22.
24. Álvaro Lins, "Valores e Misérias das Vidas Secas", p. 153.
25. Mary Douglas & Baron Isherwood, *O Mundo dos Bens: Para uma Antropologia do Consumo*, p. 16.
26. Don Slater, *Cultura do Consumo e Modernidade*, p. 14.

ficação do sujeito e de suas relações, eufóricas ou disfóricas, com o outro.

No capítulo "Sinha Vitória", dedicado a delinear o perfil da personagem, a mulher do vaqueiro repete o seu desejo, exposto no início do livro – trecho citado por Baccega –, de possuir uma cama de lastro de couro, como a de Seu Tomás da bolandeira, em substituição à cama de varas na qual o casal dormia.

Ela discute com o marido, tentando convencê-lo de que poderiam economizar para a compra da cama, ou já poderiam tê-la efetuado se ele não tivesse gasto dinheiro com jogo e cachaça – referência aos episódios "Cadeia", quando o vaqueiro perdera no jogo e fora preso, e "Festa", em que ele se embriagara. Ressentido, em resposta, "Fabiano condenara os sapatos de verniz que ela usava nas festas, caros e inúteis. Calçada naquilo, trôpega, mexia-se como um papagaio, era ridícula"[27].

O capítulo todo é centrado nos monólogos de Sinhá Vitória, que se põe a pensar em soluções para conseguir a cama, mas parte essencial de sua inquietação advém desse comentário do marido, levando-a a recordar-se do "pobre do papagaio" que fora obrigada a matar: "efetivamente não se acostumara a calçar sapatos, mas o remoque de Fabiano molestara-a. Pés de papagaio. Isso mesmo, sem dúvida, matuto anda assim. Para que fazer vergonha à gente? Arreliava-se com a comparação"[28].

A cachorra vem lhe fazer festa, mas, aborrecida com as palavras do marido, Sinhá Vitória dá-lhe um pontapé, e a cachorra se afasta "humilhada e com sentimentos revolucionários".

O consumo, vimos com Douglas e Isherwood[29], permite

---

27. Graciliano Ramos, *Vidas Secas*, p. 41.
28. *Idem*, p. 43.
29. Mary Douglas & Baron Isherwood, *O Mundo dos Bens: Para uma Antropologia do Consumo*.

classificar pessoas e objetos – para Sinhá Vitória, a cama de Seu Tomás da bolandeira é ideal; para Fabiano, os sapatos da mulher são ridículos. Na via oposta, podemos dizer que o "não consumo" também opera como um código – posição que discutiremos amplamente no capítulo XI desta obra.

Outro exemplo dessa codificação do sujeito na sociedade pela via do consumo encontramos em trechos como este, em que Fabiano se lembra de seu amigo: "Seu Tomás da bolandeira falava bem, estragava os olhos em cima de jornais e livros, mas não sabia mandar: pedia. Esquisitice um homem remediado ser cortês"[30]. O vaqueiro via o outro, letrado, consumidor de jornais e livros, como alguém importante, pessoa de consideração, e, por vezes, quando conversava com gente na cidade, usava expressões que eram de Seu Tomás da bolandeira. É uma tentativa de Fabiano, reproduzindo a linguagem do outro, transferir o capital simbólico[31] daquele para si.

Sobre Fabiano, inclusive, recai o peso da classificação mais contundente do romance. Por consumir e ser consumido por aquele tipo de vida seca, ele oscilará em se autodefinir: "Fabiano, você é um homem", "Você é um bicho, Fabiano", "Um homem, Fabiano", "Um bruto, está percebendo?"[32].

Vale lembrar, aqui, que a publicidade, um dos discursos mais marcantes da sociedade de consumo, é, também, conforme Everardo Rocha, um sistema classificador por meio da narrativa mítica: a publicidade "transforma o domínio da produção – onde os produtos são indiferenciados, múltiplos, seriados e anônimos – no domínio do consumo onde o produto tem nome, nobreza, mistério e vida"[33].

---

30. Graciliano Ramos, *Vidas Secas*, p. 22.
31. Pierre Bourdieu, *Questões de Sociologia*.
32. Graciliano Ramos, *Vidas Secas*, pp. 18, 24, 95.
33. Everardo Rocha, *Magia e Capitalismo. Um Estudo Antropológico da Publicidade*, p. 62.

No entanto, se "tal como um sistema de classificação totê-mico, os anúncios desfazem contradições de diferentes níveis"[34], na esfera da sociabilidade nem sempre o sujeito é capaz de desfazer as diferenças, ainda que, pelo consumo – e pelo "não consumo" –, ele possa contestar, opor-se e desafiar a ordem social.

4. O CONSUMO E OS SIGNOS FLUTUANTES

Italo Calvino sugere que o leitor nunca é indiferente ante um clássico; lê-lo, em verdade, serve para defini-lo em relação à obra e, quando não, como seu contraste[35]. Os estudiosos da comunicação se valem de contribuições vitais da área da linguagem, que aportam teorias sobre aspectos determinantes da dinâmica entre enunciador e enunciatário, e também, obviamente, da mensagem, que só se completa pelo encontro de ambos.

Assim sendo, cabe destacarmos elementos constitutivos dos discursos do consumo, já que lidam com signos. Baudrillard, num já clássico ensaio apoiado na semiologia, mostra-nos como o signo e a mercadoria se juntam na sociedade capitalista para a produção da "mercadoria-signo"[36]. E, em textos posteriores, como aponta Featherstone, Baudrillard desloca sua ênfase "da produção para a reprodução, para a reduplicação infinita de signos, imagens e simulações por meio da mídia, abolindo a distinção entre imagem e realidade"[37].

O capítulo de *Vidas Secas* "O Menino Mais Velho" ilustra com nitidez esse processo de liquefação de signos e imagens. Nesse "quadro", o narrador se empenha em fazer um retrato do primogênito da família, e o faz por meio não de suas ações, mas

---

34. *Idem*, p. 61.
35. Italo Calvino, *Por Que Ler os Clássicos*, p. 13.
36. Jean Baudrillard, *O Sistema dos Objetos*.
37. Mike Featherstone, *Cultura de Consumo e Pós-Modernismo*, pp. 33-34.

de seu embate com a linguagem, mais precisamente pela dissociação entre significado e significante da palavra inferno:

> Deu-se aquilo porque Sinhá Vitória não conversou um instante com o menino mais velho. Ele nunca tinha ouvido falar em inferno. Estranhando a linguagem de Sinhá Terta, pediu informações. Sinhá Vitória, distraída, aludiu vagamente a certo lugar ruim demais, e como o filho exigisse uma descrição, encolheu os ombros[38].

O capítulo assim se abre, e o menino mais velho, insatisfeito com a resposta da mãe, ronda o pai na sala, tentando interrogá-lo. Fabiano, com a faca, tira-lhe o molde dos pés para fazer uma alpercata e o dispensa, com dureza: "Arreda". Questionado pelo menino, o pai nada responde; o silêncio, em muitas passagens, é signo da incapacidade de comunicação, o que nos remete à célebre proposição de Wittgenstein: os limites da linguagem de um indivíduo são os limites de seu mundo[39].

O filho retorna à mãe, insiste mais uma vez, e Sinhá Vitória, depois de falar em espetos quentes e fogueiras, zanga-se com ele, por se manter ainda inquisitivo, e lhe aplica um cocorote.

A partir daí, o capítulo reverbera inteiramente um longo monólogo interior do menino à procura do significado de "inferno". E suas ruminações, seu estreito entendimento das coisas, deslizam para Baleia, com quem ele vai interagir. A cachorra, que o acompanha até a beira da "lagoa vazia", onde ele se esconde para pensar, enseja a seguinte percepção do mundo:

> Repousava junto à trempe, cochilando no calor, à espera de um osso. Provavelmente não o receberia, mas acreditava nos ossos, e o torpor que a embalava era doce. Mexia-se de longe em longe, punha na dona as pupilas negras onde a confiança brilhava. Admitia a existência de um osso graúdo

---

38. Graciliano Ramos, *Vidas Secas*, p. 54.
39. Ludwig Wittgenstein, *Investigações Filosóficas*.

na panela, e ninguém lhe tirava esta certeza, nenhuma inquietação lhe perturbava os desejos moderados. Às vezes recebia pontapés sem motivo. Os pontapés estavam previstos e não dissipavam a imagem do osso[40].

O menino tenta contar uma história à cachorra. O narrador do romance aponta, então, outro índice da estreiteza linguística dele, afirmando que "tinha um vocabulário quase tão minguado como o do papagaio que morrera no tempo da seca"[41]. E, mais adiante, diz que ele "balbuciava expressões complicadas, repetia as sílabas, imitava os berros dos animais"[42].

Inferno: o menino mais velho queria que aquela "palavra virasse coisa". A mãe se referira a "um lugar ruim, com espetos e fogueiras". Mas, para ele, "todos os lugares eram bons". Não podia acreditar que um nome tão bonito significasse algo ruim. Aos poucos, contudo, recolhido junto à cachorra, conclui que talvez Sinha Vitória dissesse a verdade: o inferno seria um lugar de coisas ruins. E as concebe a partir de sua experiência cultural, a pretérita e aquela havia pouco vivida com seus pais: "as pessoas que moravam lá recebiam cocorotes, puxões de orelhas e pancadas com bainha de faca"[43].

O mesmo ocorre com Baleia que, nas linhas finais desse quadro, abraçada pelo menino – dois signos à procura de significado –, sente o cheiro dele, mas prefere as emanações que vinham da cozinha. Para a cachorra, em chave análoga, "havia ali um osso. Um osso graúdo, cheio de tutano e com alguma carne"[44].

O capítulo traz embutida uma questão, associada à flutuação dos signos na sociedade de consumo (a disjunção entre o real e o visual), igualmente importante para nós: a do contex-

40. Graciliano Ramos, *Vidas Secas*, p. 55.
41. *Idem, ibidem.*
42. *Idem*, p. 59.
43. *Idem*, p. 61.
44. *Idem*, p. 62.

to sócio-histórico. Em *Análise de Discurso*, define-se "condições de produção" como as circunstâncias da enunciação, os sujeitos e a situação. Segundo Orlandi, "só uma parte do dizível é acessível ao sujeito pois mesmo o que ele não diz (e que muitas vezes ele desconhece) significa em suas palavras"[45].

Em todo discurso, incluindo os do consumo, o esquecimento enunciativo e o esquecimento ideológico reverberam nos sujeitos

> [...] para, ao se identificarem com o que dizem, se constituírem sujeitos. É assim que suas palavras adquirem sentido, é assim que eles se significam retomando palavras já existentes como se elas se originassem neles e é assim que sentidos e sujeitos estão sempre em movimento, significando sempre de muitas e variadas maneiras. Sempre as mesmas mas, ao mesmo tempo, sempre outras[46].

Não gratuitamente o menino mais velho – igual a seu irmão, o menino mais novo – é um personagem sem nome, como se ambos ainda não fossem "significantes" no universo onde habitam, como o são Fabiano, Sinha Vitória, Sinha Terta e Seu Tomás da bolandeira.

Essa anomia nos leva ao seu reverso, a nomeação, e os efeitos de sentido por ela produzidos. *Vidas Secas*, também nesse aspecto, conecta-nos com o *naming* – técnica de dar nomes a produtos de marcas comerciais. O *naming* é parte essencial da criação publicitária, sobretudo na sociedade midiática contemporânea, na qual se nota intensa comoditização de mercadorias, obrigando a comunicação de uma marca a ser, ela mesma, um diferencial discursivo a seu favor.

O nome batiza a mercadoria, como aponta Rocha[47], e, uma vez nomeada, ela assim será conhecida. É a célula-gênese, ponto inaugural de seu discurso. Não obstante as mudanças sociais que

---

45. Eni Puccinelli Orlandi, *Análise de Discurso. Princípios & Procedimentos*, p. 34.
46. *Idem*, p. 36.
47. Everardo Rocha, *Magia e Capitalismo. Um Estudo Antropológico da Publicidade*.

vai enfrentar, e a contínua liquefação dos signos, o nome objetiva trazer à marca o sentido de permanência, "já que as imagens se deslocam o tempo todo em torno do nome que é fixo"[48].

Na Biblioteca Brasiliana Mindlin, onde se encontram os originais de *Vidas Secas*, pode-se constatar que o livro tinha como título *O Mundo Coberto de Penas*, idêntico a um de seus "quadros", técnica comum, entre os escritores, para dar nome a um livro de contos – a escolha recai na narrativa que melhor representa o todo ali contido. Esse título, no entanto, foi riscado pelo autor, que sobre ele anotou o novo, com o qual passaria para a história.

Graciliano Ramos, assim, afastou da obra a ideia de que se tratava de um livro de contos, mesmo se entrelaçados tematicamente, com os mesmos personagens, e buscou lhe dar o *status* de "romance". Sua nomeação influenciou tudo o que se escreveu posteriormente sobre a obra, inclusive este texto. A mercadoria "livro", fabricada nos moldes da indústria cultural, também requer um nome que lhe assegure uma aura.

5. O CONSUMO POR UMA VISÃO CALEIDOSCÓPICA

O consumo, como objeto de estudo, permaneceu durante décadas no ostracismo, numa espécie de limbo acadêmico, como diz Baccega[49], pelo menos no âmbito dos pesquisadores nacionais.

Mas, o afrouxamento de barreiras entre as ciências humanas e sociais, desencadeado pelas transformações sociais mundo afora, abriu e intensificou as discussões sobre o consumo e suas interfaces com a comunicação, o "consumismo", a sociedade de consumidores e o advento dos "prossumidores".

---

48. Isleide Arruda Fontenelle, *O Nome da Marca. McDonald's, Fetichismo e Cultura Descartável*, p. 250.
49. Maria Aparecida Baccega, "Inter-Relações Comunicação e Consumo na Trama Cultural: o Papel do Sujeito Ativo", p. 28.

O Programa de Pós-Graduação em Comunicações e Práticas de Consumo, da ESPM-SP foi pioneiro em enfrentar questões clássicas e emergentes na confluência entre a comunicação social e o consumo – entendido como um fenômeno complexo da e na contemporaneidade. Nos numerosos estudos já realizados sob a rubrica deste programa, que completou um decênio, tornou-se evidente para seus pesquisadores a incapacidade de se investigar o consumo por meio de uma chave única. *Vidas Secas* nos dá pistas de como abordá-lo, o que vem sendo feito nas pesquisas desde o início deste PPGCOM. A obra, já mencionamos, é constituída de capítulos centrados em monólogos interiores, com ação própria, podendo ser lidos em separado dos demais. Apesar de a crítica apontar a falta de uma articulação mais sólida e segura entre os quadros narrativos[50], essa estrutura, que podemos chamar de caleidoscópica, traz desdobramentos impossíveis à história se contados da maneira tradicional, quase sempre linear, dos romances realistas, até então canônicos.

Um fato narrado num capítulo ganha novo sentido à luz do capítulo seguinte; um personagem, como Fabiano, ou o menino mais velho, protagonistas de um episódio, reaparecem de forma coadjuvante em outros – e a apreensão, mais plena, de cada uma dessas vidas secas se dá unicamente por meio da leitura obrigatória, multifacetada, da obra.

Ainda que falte unidade formal na disposição dos monólogos, em relação à sua substância, ao assunto de seu enredo, o romance "apresenta uma perfeita unidade, uma completa harmonia interior. O drama do primeiro capítulo repete-se no último; e tudo o mais que se encontra entre eles constitui uma matéria de ligação entre os dois episódios semelhantes"[51].

De forma similar, a abordagem caleidoscópica do consumo é a única capaz de revelar nuances que os domínios da antropologia, da sociologia, da psicologia, da história, da própria comunicação,

---

50. Álvaro Lins, "Valores e Misérias das Vidas Secas".
51. *Idem*, p. 153.

de modo isolado, não o atingiriam, por mais profundas que sejam suas discussões. Rocha, no intuito de investigar algumas das principais representações do consumo (no senso comum e na cultura de massa), e alargar a discussão, propõe uma classificação dessas várias "compreensões" do fenômeno do consumo como *hedonista, moralista, natural e utilitária*[52]. Em suas conclusões, afirma que é no

[...] jogo mágico, envolvendo confecção de mitos e práticas de rituais, que acontece o consumo, lugar privilegiado para um exercício permanente de classificação que, ao estilo de um sistema totêmico, fornece os valores e as categorias pelos quais concebemos diferenças e semelhanças entre objetos e seres humanos[53].

Reforça, assim, a necessidade de observá-lo de variadas angulações. É indispensável explorarmos a multi e a transdisciplinaridade para investigarmos o consumo (como objeto de estudo), atentando para as suas numerosas e ainda desconhecidas interações – pois as zonas de sombra num campo do conhecimento recebem a claridade de outro, e vice-versa, possibilitando inéditas abordagens.

Nesse contexto, como se observando um caleidoscópio, percebemos efeitos de luz que desaparecem se o giramos, e reaparecem com outros matizes se de novo o movemos. Então, algo que se supõe ausente está, em verdade, ali presente, à sombra. Daí emerge, imediatamente, o tema dos não ditos discursivos, tão importantes quanto os ditos.

Em *Vidas Secas*, à diferença de outros romances que descrevem ostensivamente a paisagem árida do sertão, Graciliano Ramos trabalha com o mínimo de elementos descritivos, "secando" também os contornos dos espaços nos quais o fragmentado enredo, como os vidros coloridos dos caleidoscópios, se delineia. É por isso que encontramos "riqueza" nesta retextualização.

---

52. Everardo Rocha, "Culpa e Prazer: Imagens do Consumo na Cultura de Massa".
53. *Idem*, p. 137.

Se podemos ler a obra pelo "sim", pelo que afirma em seus dizeres, também podemos lê-la pelo "não", pelo que silencia, como explicitado neste poema de Leminski:

Ler pelo não, quem dera!
Em cada ausência, sentir o cheiro forte
do corpo que se foi,
a coisa que se espera.
Ler pelo não, além da letra,
ver, em cada rima vera, a prima pedra,
onde a forma perdida
procura seus etcéteras.
Desler, tresler, contraler,
enlear-se nos ritmos da matéria,
no fora, ver o dentro e, no dentro, o fora,
navegar em direção às Índias
e descobrir a América[54].

Encontramos no romance personagens que se assemelham a bichos (Fabiano e a família), mas também bicho que alcança a condição humana (Baleia). Imaginamos reinar naquela terra o sol avassalador do verão e damos com um episódio como "Inverno". Navegamos em direção às Índias e descobrimos (também) a América. Entramos no território da ficção e damos também com a realidade do consumo.

Assim, fechando o nosso paralelismo, para estudar a parelha comunicação e consumo, é preciso desler, tresler, contraler. Se aquilo que consumimos diz muito sobre nós, aquilo que não consumimos também diz. Os ditos são margeados pelos não ditos. A arte (retextualizada) é circundada pela ciência.

---

54. Paulo Leminski, "Ler pelo Não", *Toda Poesia*, p. 223.

6. DE VOLTA AO FUTURO

Vida Secas termina, como começa, com a família em fuga, dessa vez saindo da fazenda e seguindo para o espaço urbano. A circularidade do desfecho pressupõe a continuidade do sofrimento daquelas existências – o mundo a recomeçar, sempre igual: "Chegariam a uma terra desconhecida e civilizada, ficariam presos nela. E o sertão continuaria a mandar gente para lá. O sertão mandaria para a cidade homens fortes, brutos, como Fabiano, Sinhá Vitória e os dois meninos"[55].

Tal constatação nos remete aos versos de Paul Auster

Porque o que acontece jamais acontecerá,
e porque o que aconteceu infinitamente
acontece de novo,

somos como fomos, tudo
mudou em nós, se falamos do
mundo é somente por deixar o
mundo

por falar. [...][56]

Nas palavras finais do narrador de *Vidas Secas*, contudo, ainda encontramos esperança:

Mudar-se-iam depois para uma cidade, e os meninos frequentariam escolas, seriam diferentes deles. [...] Iriam para diante, alcançariam uma terra desconhecida. Fabiano estava contente e acreditava nessa terra, porque não sabia como ela era nem onde era. Repetia docilmente as palavras de Sinha Vitória, as palavras que Sinha Vitória

---

55. Graciliano Ramos, *Vidas Secas*, p. 126.
56. Paul Auster, "Narrativa", *Todos os Poemas*, p. 293.

murmurava porque tinha confiança nele. E andavam para o sul, metidos naquele sonho[57].

Uma esperança que nos devolve à reflexão inicial de Baccega: aquele sonho pode ser o "ponto de chegada de um processo de conhecimento que vem se desenvolvendo através das gerações"[58], um ponto que nos conduza a um tempo de maior inclusão e menor segregação social. É esse o desejo de Fabiano, tão legítimo quanto a cama sonhada por sua mulher: "os meninos em escolas, aprendendo coisas difíceis e necessárias"[59].

Ao fim, embora tenhamos feito uma imersão em *Vidas Secas*, encontrando terreno exuberante para investigarmos relações entre comunicação e consumo, assim como Fabiano se mostrava contente por desconhecer como era a terra aonde ele e a família chegariam, julgamos que há no clássico de Graciliano Ramos outros aspectos passíveis de aprofundamento nesta e em futuras retextualizações.

Italo Calvino afirma que "um clássico é um livro que nunca terminou de dizer aquilo que tinha para dizer"[60]. Seja sobre sua própria história, seja, podemos acrescentar, sobre o universo da comunicação e do consumo.

57. Graciliano Ramos, *Vidas Secas*, pp. 125-126.
58. Maria Aparecida Baccega, "Inter-Relações Comunicação e Consumo na Trama Cultural: o Papel do Sujeito Ativo", p. 27.
59. Graciliano Ramos, *Vidas Secas*, p. 126.
60. Italo Calvino, *Por Que Ler os Clássicos*, p. 11.

II. A Lógica Produtiva da Publicidade em "Escrito na Testa", de Primo Levi[1]

1. A PUBLICIDADE OBJETIVADA NO CORPO HUMANO

Por meio dos objetos, sejam bens de consumo ou não, também nos comunicamos. "Tornamos comum", por meio de nossa relação com os objetos, o que pensamos e sentimos sobre o mundo e a nossa condição. Ao utilizarmos um objeto ou consumirmos uma mercadoria – a sua materialidade e a sua dimensão simbólica, como num anúncio –, estamos produzindo sentidos sobre nós, entre eles a nossa posição social.

O consumo é um código que traduz relações sociais e, uma vez que os meios de comunicação de massa adquiriram preemência na sociedade nas últimas décadas, neles, como afirmam Douglas e Isherwood, esse código tem a sua "dimensão ampliada"[2].

---

1. Publicado originalmente com o título "A Lógica Produtiva da Publicidade num Conto de Primo Levi", *Comunicação & Inovação*, vol. 16, n. 32, pp. 27-40, set.-dez. 2015.

2. Mary Douglas & Baron Isherwood, *O Mundo dos Bens: Para uma Antropologia do Consumo*, p. 16.

A publicidade faz circular continuamente seu discurso pelos espaços midiáticos, incitando o indivíduo a crer no mundo de satisfação que ela constrói, e, cada dia mais, utilizando-o – queira ele ou não – como mídia de produtos. Carlos Drummond de Andrade explicitou esse processo no seu já clássico poema "Eu, Etiqueta": por meio da roupa que usa, e demais produtos que consome, o homem se torna "homem-anúncio itinerante / escravo da matéria anunciada". Em vez de ser "anúncio contratado", ele é quem paga para anunciar e vender. Não lhe convém o título de homem, mas de coisa. Drummond encerra o poema com o verso "Eu sou a Coisa, coisamente", sinalizando, em letra maiúscula, a condição dominante da Coisa sobre o homem[3].

Ainda assim, em "Eu, Etiqueta", o indivíduo cede apenas seu corpo como um meio de difusão do discurso publicitário – que se consubstancia "em língua nacional ou em qualquer língua / (qualquer, principalmente)"[4]. A publicidade adere ao seu corpo, feito uma roupa que ele pode vestir e despir quando quiser, sem que sua integridade física seja maculada.

No conto "Escrito na Testa", de Primo Levi, como o título prenuncia, os tentáculos da publicidade vão mais longe, cravam-se na pele do homem, no espaço em branco de sua fronte. A mensagem comercial não segue numa camiseta, da qual o indivíduo pode facilmente se livrar, mas é "marcada" como se faz com o gado – já o veremos, em detalhes, a seguir. Obviamente, esse meio "desumano" é a mensagem, conquanto também ela é inscrita na carne, lesando o meio que a promove.

Aspectos vários da lógica de produção da publicidade, de sua apropriação das tecnologias para promoção e consumo não apenas de seus produtos – mas, sobretudo, de seu ideário – e de suas estratégias suasórias serão enfatizados aqui, a partir dessa

---

3. Carlos Drummond de Andrade, "Eu, Etiqueta", *Corpo*, p. 86.
4. *Idem.*

"espantosa" peça literária. Antes, é essencial contextualizá-la em conjunção com a vida e a obra de seu autor.

2. PRIMO LEVI E O HOMEM CONDENADO A SER HOMEM

Filho de judeus, Primo Levi nasceu em 1919 em Turim – e suicidou-se em 1987. Ainda jovem e, formado em química, juntou-se em 1943 a um grupo ligado ao movimento Giustizia e Libertà, que combatia o nazifascismo. Em pouco tempo, contudo, foi preso pelas milícias de Mussolini e deportado para Auschwitz, onde permaneceu até que as forças russas iniciassem a desativação daquele campo de concentração[5].

Dessa experiência arrasadora, nasceria o escritor que estrearia, em 1947, com o livro *É Isto um Homem?*, um depoimento contundente sobre o horror vivido por Levi durante o seu confinamento. Embora essa seja a obra mais mundialmente celebrada do autor, e outros de seus livros, como *A Trégua*, possam ser associados à literatura de testemunho, Primo Levi se dedicou também à prosa de ficção, publicando vários volumes de narrativas curtas, como *Histórias Naturais*, *Vício da Forma* (no qual foi publicado originalmente o conto "Escrito na Testa") e *Lilith*.

Sua obra contística, fortemente atravessada por elementos de ficção científica, mantém diálogo complementar com seus livros "autobiográficos", nos quais Levi rememora as atrocidades que viu e vivenciou quando prisioneiro no campo de concentração. Segundo Brombert, o próprio escritor observou na quarta capa de *Histórias Naturais* "que as suas invenções não estavam dissociadas do trauma do *Lager* ['campo']" – e essa "ponte", essa "continuidade", vale para as demais coletâneas de histórias breves que ele escreveu[6].

5. Maurício Santana Dias, "Primo Levi e o Zoológico Humano", p. 12.
6. Victor Brombert, "Primo Levi e o Canto de Ulisses", p. 194.

Depois de narrar, como missão humanista, de intelectual engajado, a vida em Auschwitz, Levi se enveredou literariamente pelo território do fantástico. O que se vê em seus contos

[...] é precisamente a negação daquela liberdade inalienável do homem defendida com unhas e dentes nos relatos sobre a experiência no campo de concentração. Portanto, paradoxalmente, o momento da invenção não liberta o narrador de sua pesada memória, mas o remete a um campo obscuro e reprimido pela razão iluminista: [...] o campo da fatalidade biológica e da hipótese aberrante de que a espécie esteja desde sempre orientada para a autodestruição[7].

Em "Escrito na Testa", a degradação do homem, por meio dessa "razão" que rege o mundo capitalista, está presente no relato mediante detalhes expressivos revelados pelo narrador-observador. James Wood nos ensina que, na prosa de cunho realista, aperfeiçoada por Flaubert, a verossimilhança é garantida por detalhes que o narrador imprime na trama. Uma vez que não tem como apreender inteiramente o "real", ele o faz por pequenas partes – detalhes que exprimem a ideia da existência de um todo[8].

Vamos, a seguir, enunciar o enredo da história também em partes, fazendo as devidas aproximações com as estratégias produtivas da publicidade, até seu efetivo desfecho, como propomos.

3. O HOMEM É O MEIO DA MENSAGEM

O conto, protagonizado pelo jovem Enrico, inicia-se com a sua chegada à sala de espera de uma "agência de publicidade", onde foi em resposta a um anúncio classificado que lera no jor-

---

7. Maurício Santana Dias, "Primo Levi e o Zoológico Humano", p. 14. Grifo do original.
8. James Wood, *Como Funciona a Ficção*.

nal *Corriere* – "um trabalho fácil e bem remunerado", ideal para quem, como ele, queria se casar e não tinha dinheiro.

Não por acaso, enquanto aguardava ser chamado, o que só ocorreu duas horas depois, Enrico escolheu uma revista "ensebada" da pilha depositada numa mesa, para passar o tempo. E, já na entrada da história, temos um aspecto associado diretamente à trajetória da publicidade como um discurso, digamos, o primeiro, o discurso original da persuasão em prol do consumo.

Este aspecto é o meio pelo qual o jovem descobre que poderia se candidatar àquele tipo de "emprego", ainda obscuro para ele – um anúncio classificado, tipo de comunicação inaugural da atividade publicitária que, mais adiante, na Belle Époque francesa, vai também utilizar os cartazes de rua para a promoção de produtos e serviços. Os classificados seguem, ainda hoje, uma espécie de retórica de empilhamento[9], ao textualizar a enumeração de ofertas e/ou qualidades daquilo que se divulga. Um exemplo é o seguinte classificado, citado por Gilberto Freyre em seu livro *O Escravo nos Anúncios de Jornais Brasileiros do Século XIX*, que tão bem se insere na discussão sobre o sentido do humano:

Vende-se uma escrava muito moça, bonita figura, sabe cozinhar e engomar e é uma perfeita costureira, própria para qualquer modista: na botica de Joaquim Ignácio Ribeiro Junior, na praça da Boa Vista[10].

Outro exemplo é este anúncio, um classificado de aluguel de imóvel, extraído de um jornal de São Paulo:

Paraíso, R$ 3.500. Ótima localização! 105 m^2, ensolarado, andar alto. Venha conhecer. Ref. 618062. Tel.: 3050-3322. M Baroni[11].

---

9. João Anzanello Carrascoza & Tânia Hoff, "Ecos da Literatura na Publicidade Brasileira nas Primeiras Décadas do Século XX".
10. Gilberto Freyre, *O Escravo nos Anúncios de Jornais Brasileiros do Século XIX*, p. 91.
11. *Folha de S. Paulo*, 27.2.2014, p. 6 (Caderno de Imóveis).

Curiosamente, aquele que é considerado o anúncio mais brilhante e "honesto" da história da publicidade, apresenta o empilhamento de características negativas (ou seriam realistas?) de sua "oferta". O classificado escrito em 1900 pelo explorador Ernest Shackleton, em busca de homens para acompanhá-lo em sua expedição ao Polo Sul, diz:

Necessitam-se homens para viagem perigosa. Salários baixos, frio intenso, longos meses em completa escuridão, perigo constante, regresso duvidoso. Honra e reconhecimento em caso de êxito[12].

Pois bem: no conto, Enrico é instado pelas informações empilhadas no anúncio a se candidatar, embora só vá saber do que se tratava aquele "trabalho" – "tão fácil" que não poderia nem ser chamado de um trabalho, mas de "uma prestação", "uma concessão" –, quando, finalmente, é atendido na agência. O que chama mais atenção no rapaz que o recebe não é o nome no crachá, Carlo Rovati, o cabelo cortado à escovinha ou o corpo bronzeado e atlético, mas sua testa, na qual está escrito, em caracteres azuis, "Férias na Savoia".

Rovati não atua tão somente como profissional da empresa, é também um dos próprios "divulgadores" do negócio que será proposto a Enrico, um intelectual orgânico, o "persuasor permanente" como o denominou Gramsci[13], e seu comportamento é obviamente constitutivo do *habitus* de seu campo[14].

Se a publicidade, com as suas mensagens, tem como intuito perante o público o *fazer crer*, é preciso que os membros de seu "exército", como Rovati, tenham antes se tornado crédu-

---

12. Roberto Menna Barreto, *O Copy Criativo: 177 Magníficos Textos de Propaganda*, p. 3.
13. Antonio Gramsci, *Cadernos do Cárcere*, vol. 2: *Os Intelectuais. O Princípio Educativo. Jornalismo*, p. 53.
14. Pierre Bourdieu, *As Regras da Arte. Gênese e Estrutura do Campo Literário*.

los das qualidades do produto anunciado. O funcionário, não por acaso, atende Enrico não apenas como um representante da empresa, mas com a autoridade de quem é a sua própria "voz": "Penso que não nos conhece, mas nos conhecerá logo, quer cheguemos a um acordo ou não. Somos pessoas agressivas, vamos diretamente ao que importa, sem rodeios"[15]. Rovati, então, diz a Enrico que "quanto ao pagamento, o senhor julgará", e, depois de examinar o rosto do candidato, oferece-lhe uma quantia tão alta (quatro milhões de liras) que o faz saltar da cadeira.

O narrador aprofunda o "fantástico" da cena, enunciando, por meio de Rovati, os detalhes expressivos do contrato que rege essa "nova técnica de promoção": 1º se Enrico aceitar a proposta, não será preciso pautar seu comportamento e suas opiniões em conformidade com o teor da mensagem anunciada – "eu, por exemplo, nunca estive na Savóia, nem de férias nem a trabalho, nem pretendo ir lá", diz o atendente; 2º o jovem pode vender ou apenas alugar sua testa – "e não sua alma", enfatiza Rovati; 3º a empresa propõe duas formas de contrato: por três anos – pela qual Enrico receberia o valor mencionado – e por três meses – que evidentemente lhe renderia uma quantia bem inferior; 4º em qualquer das opções, bastaria a Enrico ir ao "centro gráfico", receber a inscrição, passar no caixa e retirar o cheque; 5º Ao fim do contrato, Rovati lhe explica, "o senhor passa aqui rapidamente, submete-se a uma pequena intervenção totalmente indolor e readquire o rosto de antes"[16].

Nesse ponto do enredo, como se o *fazer crer* da publicidade assumisse a cooptação se fosse instantâneo, se Enrico "comprasse" por impulso a proposta da empresa, Rovati afirma que o jovem não precisa decidir imediatamente, pode voltar para casa, pensar no assunto, trocar ideias com quem quiser, mas em uma semana deve retornar para fechar ou não o negócio.

15. Primo Levi, "Escrito na Testa", p. 320.
16. *Idem*, p. 321.

Enrico, como se de volta à sua condição humana, pergunta se pode escolher a inscrição, e o funcionário lhe acena com um sim, embora dentro de certos limites: será apresentada uma lista de opções e ele fará a sua escolha.

Uma última pergunta ele faz a Rovati, dessa vez dentro da lógica mercantil, que pede ao produto algum diferencial, alguma singularidade: se ele seria o primeiro a ostentar aquele tipo de publicidade. O outro, lembrando-o de sua própria testa com a inscrição "Férias na Savoia", informa que já foram feitos 88 contratos na cidade. E, para fechar seu discurso persuasivo, Rovati se vale do argumento de urgência, tão comum nas campanhas publicitárias de varejo:

Portanto não tenha medo, o senhor não estará sozinho nem deverá dar muitas explicações. De acordo com as nossas previsões, dentro de um ano a publicidade frontal se tornará uma tendência em todos os centros urbanos, talvez até uma marca de originalidade e de prestígio pessoal, como o distintivo de um clube[17].

Assim termina a primeira parte da história – de um lado Rovati, que representa as marcas, cujos produtos, como lembra Rocha, retiram o humano de sua produção[18]; do outro, Enrico, signo do homem que se estigmatiza pelo dinheiro para obtenção dos bens de consumo.

4. A MARCA PUBLICITÁRIA ENTRE DOIS AMORES

O narrador sinaliza com um espaço vazio o fim dessa primeira parte e o início da segunda, quando Enrico se retira do escritório e vai contar a Laura, sua noiva, sobre o "trabalho". Para seu espanto e desconforto, a moça não hesita nem um mi-

---

17. *Idem*, p. 322.
18. Everardo Rocha, *Magia e Capitalismo. Um Estudo Antropológico da Publicidade.*

nuto em lhe recomendar que aceite a proposta. Laura lembra a Enrico que, com os quatro milhões, o problema da moradia já estaria resolvido, e se revela decidida a ampliar imediatamente o negócio do casal:

> [...] os quatro milhões poderiam virar oito ou quem sabe dez, e aí se resolveria a questão dos móveis, do telefone, da geladeira, da lavadora e do carro. Dez como? Mas é óbvio! Ela também gravaria a inscrição, e um casal jovem, charmoso, com dois anúncios na testa complementares entre si, valeria certamente mais que a soma de duas cabeças desgarradas[19].

Nesse momento, o noivo, que não vê problema em ser "marcado" na testa, não pensa o mesmo em relação à sua companheira, como se, embora coisificado, visse nela um resto ainda de sua própria humanidade. Laura, com a "fronte límpida e tão pura" marcada como gado, não seria mais a mesma Laura – passaria, podemos afirmar, de sujeito a objeto como Enrico, objeto que ele, quanto a si, já não obsta impedir. Esses versos de Drummond, do poema já citado, dão conta de apreender seu estado:

> Com que inocência demito-me de ser
> Eu que antes era e me sabia
> Tão diverso de outros, tão mim mesmo,
> Ser pensante sentinte e solitário
> Com outros seres diversos e conscientes
> De sua humana, invencível condição[20].

No entanto, assim se expressa o narrador, o jovem "se deixou convencer" pela noiva e, dois dias depois, ambos se apresentam à agência de propaganda para negociar com Rovati. Esse ato de

---

19. Primo Levi, "Escrito na Testa", p. 322.
20. Carlos Drummond de Andrade, "Eu, Etiqueta", Corpo, p. 86.

"se deixar convencer" nos remete à posição de Baudrillard em seu clássico estudo sobre a significação da publicidade, no qual afirma que ela se apoia na "lógica do Papai Noel" – sabemos que tal figura não existe, mas nos permitimos "acreditar" em sua existência para justificar nosso consumo na época de Natal[21].

Lipovetsky, em contraposição a teóricos apocalípticos, para os quais o desejo de consumir advém da manipulação publicitária, afirma que "a publicidade não consegue fazer com que se deseje o indesejável"[22]. Ou, em palavras ainda mais enfáticas: "só se pode seduzir alguém que já esteja predisposto a ser seduzido"[23]. Em suma: ainda que um anúncio seja o mais sedutor possível, ele não será capaz de convencer o consumidor a renunciar à sua liberdade de escolha. A Enrico foi dada a possibilidade de escolher. E se ele ainda hesitava, a decisão *incontinenti* de Laura o levou, por fim, a segui-la.

Já na agência, os noivos, em negociação com Rovati, conseguem nove milhões de liras pela inscrição dupla – o publicitário teria "apreciado até demais a testa de Laura" –, mas não tiveram muita escolha quanto à marca do produto a ser compartilhado, uma fábrica de cosméticos. O detalhe expressivo se materializa na forma de um lírio desenhado acima do nariz de ambos; na testa de Laura se escreve LILYWHITE PARA ELA e, na de Enrico, LILYBROWN PARA ELE.

Essa situação ilustra, inclusive, uma das técnicas do marketing, que se materializa na chamada "promoção casada", pela qual duas empresas (uma produtora e outra distribuidora, por exemplo) se juntam para comercializar o mesmo bem de consumo, ou quando, numa mesma peça publicitária, faz-se a divulgação de distintas versões de um mesmo produto (um perfume para o público masculino, outro para o feminino, como no nosso caso).

21. Jean Baudrillard, *O Sistema dos Objetos*.
22. Gilles Lipovetsky, "Sedução, Publicidade e Pós-Modernidade", p. 7.
23. *Idem*, p. 9.

O narrador, então, se detém nos problemas que o casal enfrenta depois de estampar na testa a mensagem da marca Lily e seu dêitico (o lírio). Enrico foi obrigado a dar "um bom número de explicações" no escritório onde atuava. Como o próprio cânone do discurso publicitário, que enfatiza pontos positivos de uma mercadoria e omite os negativos, o jovem resolve contar a verdade, quer dizer, "a verdade quase pura": ele menciona a cifra de nove milhões, mas não diz ser a soma do que ele e Laura haviam recebido, temendo que o acusassem de ter se vendido por pouco. Claro, houve quem apoiasse seu gesto e quem o desaprovasse. Contudo, seu constrangimento se encolhe ao ver, semanas depois, sem que divulgasse o endereço da agência, um dos seus companheiros, Molinari, "sério e atento como sempre atrás da sua prancheta, com a seguinte inscrição na testa: DENTES SAUDÁVEIS COM ALNOVOL"[24].

A publicidade assim se capilariza em todo e qualquer suporte que lhe possa servir como veículo de sua mensagem: dessa forma ela se disseminou pelas várias modalidades da mídia impressa, como os cartazes, os jornais e, mais adiante, as revistas; seguiu, espraiando-se, pelas ondas do rádio, e desembocou nas telas de cinema e da televisão através dos filmes publicitários. No conto de Primo Levi, cada homem é visto como um espaço novo, reservado para a publicidade. Publicidade que, relembrando as palavras de Lipovetsky, não teria "seduzido" Molinari se esse não estivesse predisposto para a sedução.

Da mesma forma, Laura, que "havia concluído os estudos e ainda não trabalhava", mantinha a sua discrição, mas se sentia observada nas lojas onde ia comprar peças do enxoval ou móveis, embora ninguém lhe perguntasse nada sobre a propaganda na fronte. Em casa, sua família não reagira mal, ao contrário, a mãe correra para se apresentar à agência, mas – eis aí outro aspecto da lógica publicitária! – recusaram a testa que ela oferecia

---

24. Primo Levi, "Escrito na Testa", p. 323.

porque "tinha muitas rugas para ser utilizável". O universo da produção é sórdido, mas o universo do consumo tem de ser idealizado. Daí as críticas de Toscani, cínico intelectual orgânico, para quem à publicidade dominante é o reino da felicidade, do sucesso, da juventude eterna, o paraíso sobre a Terra[25].

A trama dessa história, "fantástica", se desdobrará como uma autêntica ilustração da lei da oferta e procura que comanda as trocas mercantis – o que é escasso custa mais; o abundante é mais barato –, e, também, como exemplo da disseminação midiática do discurso publicitário. Vejamos: depois de poucos meses da viagem de lua de mel, o casal já não se sente mais desconfortável em público, pois

> [...] a agência devia ter feito um bom trabalho, ou talvez outras agências a imitaram, porque já não era raro encontrar pela rua ou nos ônibus indivíduos com a testa marcada. Na maioria eram rapazes ou garotas atraentes, muitos eram visivelmente imigrantes; no seu prédio, um outro jovem casal, os Massafra, trazia escrito na testa, em duas versões idênticas, o anúncio de uma certa escola profissionalizante por correspondência[26].

Aqui temos, exemplificado, o espalhamento da publicidade por meio de sua lógica sistêmica, ou pelo que Torres i Prat denomina de complexo comercial publicitário, que funcionaria como a matriz de uma fábrica de sonhos, feita para construir no imaginário social mundos idílicos[27]. Nesse trecho da história, temos, igualmente, a preclara apresentação do perfil do público que, até pouco tempo, era quase o único "mostrado" pela publicidade dentro dos anúncios – os rapazes e garotas atraentes –, anúncios "vivos", no relato de Primo Levi.

---

25. Oliviero Toscani, *A Publicidade É um Cadáver que nos Sorri*, p. 13.
26. Levi, "Escrito na Testa", pp. 323-324.
27. Joan Torres i Prat, *Consumo, Luego Existo. Poder, Mercado y Publicidad*.

Importante também apontar que, na lua de mel, Enrico e Laura levam no carro uma barraca para os pernoites, mas evitam *campings* organizados, fugindo dos olhares. É como se o veículo, pelo qual é difundido o consumo material dos perfumes Lilywhite e Lilybrown, operasse, ao menos no início, ao contrário de sua finalidade: por ser "humano", tentaria impedir o consumo simbólico (da publicidade), posto que qualquer indivíduo, ao cruzar com o casal, consumiria a mensagem publicitária marcada na testa deles.

García Canclini afirma que o consumo gera a sensação de pertencimento, sujeitos que consomem o mesmo produto se julgam ligados ao ideário do grupo[28]. No entanto, podemos dizer que nos agentes da produção – mesmo se concorrentes – também esse sentimento está presente, sabe-se que as empresas costumam se unir em associações por segmento de atuação, além de compactuar com demais grupos pertencentes à sua cadeia produtiva. Como lembra Maffesoli, os grupos, para sobreviver – no caso, as empresas –, fazem pactos entre si, fortalecendo a "ajuda mútua"[29].

No espaço de mediação das esferas da produção e do consumo, essa "empatia" também se dissemina, pois Enrico e Laura fazem amizade com o casal Massafra, começam a ir juntos ao cinema, à *trattoria*. O narrador a descreve com precisão, ao realçar que os dois casais, no restaurante,

[...] perceberam rapidamente que uma outra mesa, próxima à deles, era frequentada por pessoas assinaladas e foi natural estabelecer contato e trocar confidências sobre os respectivos contratos, sobre as experiências precedentes, sobre as relações com o público e sobre os planos para o futuro[30].

---

28. Néstor García Canclini, *Consumidores e Cidadãos: Conflitos Multiculturais da Globalização.*
29. Michel Maffesoli, *O Tempo das Tribos: O Declínio do Individualismo nas Sociedades de Massa.*
30. Primo Levi, "Escrito na Testa", p. 324.

Então, passado algum tempo, a multiplicação dos domínios publicitários se acelera. Enrico e Laura já não se sentiam mais tão sozinhos: nos cálculos do jovem, um cidadão em cada trinta trazia algum anúncio na testa. E as mensagens não se restringiam a produtos, mas também a causas individuais ou sociais: um jovem elegante ostentava no rosto JOHNSON CARRASCO; outro rapaz exibia ORDEM = CIVILIZAÇÃO; um "trintão" trazia VOTE EM BRANCO; duas gêmeas graciosas estampavam na testa, respectivamente, VIVA O MILAN e FORÇA, ZILIOLI; uma turma de alunos de uma escola ostentava a frase SULLO, GO HOME. E eis o "fantástico" se reproduzindo, como mímese, entre as crianças – posto que se tornara comum vê-las nas ruas portando na testa, rabiscados com simples caneta, "vivas e abaixos, injúrias e palavrões".

O complexo comercial publicitário, com o advento da Internet, esparrama-se de forma rizomática, como apontamos em nossa obra *Do Caos à Criação Publicitária*. No conto de Primo Levi, Enrico e Laura passam a receber, a partir de então, a *Gazeta dos Frontais*, um jornal feito para homens-anúncios como eles: "naturalmente, setenta e cinco por cento de suas páginas eram dedicadas à publicidade, e mesmo os vinte e cinco restantes eram suspeitos"[31].

Surgem novos negócios, seguindo a estratégia publicitária de atender a nichos de mercado – nesse caso, o público dos "frontais". Restaurante, acampamento e várias lojas passaram a lhes dar descontos. Anuncia-se também a fundação de um clube dos frontais. E, materializando a comunicação integrada do marketing contemporâneo, bem como reforçando a ideia de pertencimento, o Cristo no crucifixo de uma igreja visitada pelo casal traz escrito INRI na testa e não na tabuleta.

31. *Idem, ibidem.*

5. O DESFECHO DEMASIADAMENTE "HUMANO"

Mas o humano ainda persiste em Enrico e Laura: com a expansão dos "frontais", eles se sentem orgulhosos, são modelos pioneiros desse tipo de publicidade. A lei da procura e da oferta logo lhes mostrará que os preços haviam decaído: para a escrita de uma linha, por três anos, já não pagavam mais que trezentas mil liras.

O que foi novidade ontem, já se tornou obsoleto hoje, como bem descreve o poema de Gregório Duvivier:

quando ela surgiu na minha janela
com seus dois metros e meio de pernas
cruzadas sobre a nossa senhora
de copacabana ensaboada de dove
esfoliação diária nunca mais deixei
o parapeito para não perdê-la de vista
escrevi poemas canções e cartas de
amor nunca respondidas até que uma tarde
enrugada rasgaram seu corpo em partes
iguais e trocaram no lusco-fusco
por um pacote gigante de wickbold[32].

A mulher ensaboada de Dove logo dá lugar ao pão Wickbold. E assim se sucede nos espaços publicitários – e imaginários da sociedade.

Quando está para terminar o contrato de três anos, Laura descobre que está grávida. Vai com Enrico, então, propor uma renovação a Rovati, que oferece um valor irrisório para elogiarem "certos filminhos dinamarqueses". O casal recusa e desce para o centro gráfico da agência para "apagar" o lírio na testa que, no entanto, apesar das promessas feitas, continuará perceptível.

---

32. Gregório Duvivier, *Ligue os Pontos: Poemas de Amor e Big Bang*, p. 65.

O desfecho da história continua na linhagem do fantástico, que assume, então, a ordem reprodutiva da publicidade: nasce um menino robusto e bonito, mas, inexplicavelmente, em sua testa vem escrito CAVILHAS PADRONIZADAS. A produção de mensagens publicitárias atravessa não só a pele do homem, mas se infiltra, como se naturalizada, pela geração seguinte. O detalhe expressivo remete, durante o domínio nazista, à estrela de Davi levada ao corpo, obrigatoriamente, pelos judeus e seus filhos.

Consagrando definitivamente o insólito da trama, o casal retorna à agência em busca de um contrato, mas Rovati, depois de fazer várias consultas, não localiza aquela razão social na Câmara de Comércio. Por isso, nada pode lhes oferecer, senão um bônus para que, no centro gráfico, o anúncio na testa do bebê seja apagado. Um apagamento que, sabemos, não é tão eficiente quanto o espalhamento da midiatização da publicidade.

O homem, contudo, pode se desetiquetar. Ou não? O psiquiatra Viktor Frankl, contemporâneo de Primo Levi, tendo também vivido no *Lager*, lembra-nos, em seu livro *O Homem em Busca de Sentido*, que os objetos se determinam uns aos outros, mas o ser humano é seu próprio determinante:

> Nos campos de concentração, naquele laboratório vivo, naquele banco de provas, comprovamos e fomos testemunhas da atitude de nossos semelhantes: enquanto uns agiram como porcos outros se comportaram como santos. O homem goza de ambas potencialidades: elas dependem mais de suas decisões, do que das condições colocadas em jogo[33].

Em "Escrito na Testa", o humano ganha o estigma do desumano. O homem, tornado coisa, anuncia para os outros homens o seu sem sentido, quando deixa de determinar o seu próprio rumo.

---

33. Viktor Frankl, *El Hombre en Busca de Sentido*, p. 153.

iii. O Consumo e a Distinção em um Conto de Lima Barreto[1]

1. AUTOMÓVEL: O SONHO DE CONSUMO NA ESTRADA LITERÁRIA

Em "Cota Zero", pequeno poema de Carlos Drummond de Andrade, lemos:

Stop.
A vida parou ou foi o automóvel?[2]

Com esta pergunta, o poeta já profetizava, décadas atrás, a fusão do carro com o homem moderno, o veículo como algo tão simbiótico que se mescla com a própria vida humana. Apontava também, como assinala Bonvicino, que "a sociedade brasileira não possuía experiência para lidar com um dos fenômenos de escala do capitalismo industrial, que chegava aqui por força de in-

---

1. Publicado originalmente na *Revista da Associação Nacional dos Programas de Pós-Graduação em Comunicação – E-Compós*, vol. 19, n. 1, jan.-abr. 2016.
2. Carlos Drummond de Andrade, "Cota Zero", *Reunião: 10 Livros de Poesia*.

teresses internacionais"[3]. Os versos de Drummond nos trazem a ideia de que, subitamente, o automóvel inaugura uma espécie de fragmentação da vida social, mudando para sempre as relações cidade e campo, ambos remodelados daí em diante com a sua chegada. As cidades, porque começam a ser planejadas para o fluxo dos automóveis; os campos, porque passam a ser atravessados por estradas a fim de permitir que os carros vençam as largas distâncias.

O poema "Ao Volante", de Fernando Pessoa, sob o pseudônimo de Álvaro de Campos, traz-nos outros ângulos sobre o advento transformador do carro na sociedade moderna a partir das primeiras décadas do século XX:

Ao volante do Chevrolet pela estrada de Sintra,
Ao luar e ao sonho, na estrada deserta,
Sozinho guio, guio quase devagar, e um pouco
Me parece, ou me forço um pouco para que me pareça,
Que sigo por outra estrada, por outro sonho, por outro mundo [...]
À esquerda lá para trás o casebre modesto, mais que modesto.
A vida ali deve ser feliz, só porque não é a minha.
Se alguém me viu da janela do casebre, sonhará:
Aquele é que é feliz[4].

Com o epigrama de Drummond e os versos de Pessoa, abrimos aqui um caminho para recordar quão produtiva pode ser a discussão desse bem de consumo (o automóvel) a partir da retextualização de obras literárias, como fizemos nos capítulos anteriores – elemento, inclusive, metodológico de outras pesquisas, as quais abordam o consumo por meio da literatura de ficção[5].

---

3. Régis Bonvicino, "O Poema Antifuturista de Drummond".
4. Fernando Pessoa, "Ao Volante", *Poesias de Álvaro de Campos*, p. 37.
5. Conferir João Anzanello Carrascoza & Christiane Santarelli, *Tramas Publictárias. Narrativas Ilustradas de Momentos Marcantes da Publicidade*; João Anzanello

Nosso objetivo, desta vez, é abordar aspectos do consumo do automóvel, como mercadoria distintiva e também como discurso (publicitário, especificamente), valendo-nos do conto "Um e Outro", do escritor brasileiro Lima Barreto, no qual o carro materializa o conflito que dá progressão à história. Retiramos, portanto, um texto do domínio artístico e o transpomos para o domínio da ciência, a fim de "lê-lo" também com a chave que abre o horizonte das interações entre a comunicação social e as práticas de consumo.

2. UM ENREDO COM AS TINTAS DA DISTINÇÃO

Antes de empreender a retextualização do conto "Um e Outro" para o campo científico, é fundamental sintetizarmos seu enredo e o contextualizarmos dentro da vida e da obra de seu autor. Vida e obra, aliás, indissociáveis nesse caso, como o carro e o corpo humano no poema de Drummond.

Lima Barreto nasceu em 1881, no Rio de Janeiro, alguns anos antes da abolição da escravatura no Brasil. Mulato e pobre, sua obra é uma das primeiras no Brasil a registrar o cotidiano de um indivíduo à margem da sociedade e também uma das primeiras na qual se nota o deslocamento de episódios vividos por um escritor para o âmbito da ficção, devidamente reconfigurados pelo seu trabalho literário.

O crítico Alfredo Bosi afirma que os "valores culturais e estilos de pensar configuram a visão do mundo do romancista, e esta pode ora coincidir com a ideologia dominante no seu meio, ora afastar-se dela e julgá-la"[6]. Nos romances, contos e crônicas de Lima Barreto, encontramos um escritor que o tempo todo critica a visão de mundo predominante à época, iro-

Carrascoza, "Narrativas Literárias: Retextualizações para o Estudo do Discurso Publicitário".

6. Alfredo Bosi, *Machado de Assis. O Enigma do Olhar*, p. 12.

nizando as altas esferas da sociedade, inconformado com a estrutura social que impedia o reconhecimento de seu talento por não pertencer à elite branca.

O conto "Um e Outro", como veremos, irá flagrar as artimanhas do indivíduo que busca a todo custo o prestígio social. A ação é protagonizada por Lola, uma espanhola que vem "de baixo", como outros tantos tipos na obra de Lima Barreto, e que ascende socialmente, passando a desejar não apenas objetos, mas também pessoas (representativas de seu ideal de consumo), e valendo-se, para obtê-los, dos mesmos estratagemas de seu novo extrato social.

Lola, aos cinquenta anos, é amante de Freitas, um pequeno-burguês "que lhe dava tudo, que educava sua filha, que a mantinha como senhora"[7], mas, sendo adepta desde jovem à poliandria, não era mulher que gostasse de homem, e, sim, de homens. Por isso, já começara a enganar também Freitas com José, motorista de um automóvel no qual ela passeava semanalmente.

No início do conto, antes de se encontrar primeiro com Freitas e, em seguida com o motorista, Lola se mira um longo tempo no espelho: ainda possuía um corpo que a orgulhava, sentia-se "apetitosa", sua carne resistia "aos estragos do tempo e ao desejo dos homens". Nessa contemplação, se pergunta quantos homens a tinha provado e não consegue se lembrar de um número aproximado. Temos aí, explícita, certa atitude de colecionismo – a coleção de homens, nesse caso –, própria do *ethos* do capitalismo. Quanto mais eu tenho, mais me destaco socialmente – embora essa lógica, como nos versos de Ana Martins Marques, leve ao esvaziamento:

Colecionamos objetos
mas não o espaço
entre os objetos

---

7. Lima Barreto, "Um e Outro", p. 23.

fotos
mas não o tempo
entre as fotos

selos
mas não
viagens [...][8]

No entanto, Lola pensa, ainda, na inevitabilidade da morte; vem-lhe uma súbita consciência do pecado, e ela cogita se, em virtude de sua "primitiva educação religiosa", não arderia no inferno pela vida que levava.

Por um instante, ela acredita que o tempo (a morte) é incapaz de consumi-la:

Que as vagabundas comuns morrem, vá! Que as criadas morressem, vá! Ela, porém, ela que tivera tantos amantes ricos; ela que causara rixas, suicídios e assassinatos, morrer era uma iniquidade sem nome! Não era uma mulher comum, ela, a Lola, a Lola desejada por tantos homens; a Lola, amante do Freitas, que gastava mais de um conto de réis por mês nas coisas triviais da casa, não podia nem devia morrer[9].

Ciente, contudo, do destino inevitável, Lola se consola argumentando que ao menos "morreria no luxo" e se apressa para viver seu *carpe diem* – o encontro com o motorista. Para isso, precisa terminar de se "produzir" e, também, verificar as demandas domésticas – o que a faz recordar que nascera em uma cabana, na Espanha, onde se casara com um homem pobre, com quem trabalhara arduamente no campo. Só quando emigrara para o Brasil com ele – de quem se separara, logo que tiveram uma filha – e recomeçara a vida como criada, alcançara, depois de anos, aquela ascensão "glorio-

8. Ana Martins Marques, "Coleção", p. 21.
9. Lima Barreto, "Um e Outro", p. 24.

sa" – ela se tornara "a amante opulenta do Freitas". Então, antes de sair, Lola dá ordens às criadas, lembrando com prazer que eram três a seu serviço, o que atestava "o progresso que fizera na vida".

Adiantada para o seu *rendez-vous*, Lola irá de bonde até onde Freitas trabalha, a fim de obter dele um dinheiro extra, pois queria comprar um presente para dar a José. Desde que sai de casa até se encontrar com o motorista, Lola se depara com duas situações que nos interessam em especial, uma vez que nos remetem ao conceito de distinção teorizado por Bourdieu[10].

A primeira delas é quando ela vai a pé à Rua do Catete, onde apanha o bonde e, no caminho, cumprimenta as raparigas pobres de uma casa de cômodos da vizinhança, que a tratam por "madama". Aqui, o narrador expressa com precisão tanto a aspiração das moças pelas roupas de Lola, quanto o sentimento de distinção que esta sente ao passar: "debaixo dos olhares maravilhados das pobres raparigas, ela continuou o seu caminho, arrepanhando a saia, satisfeita que nem uma duquesa atravessando os seus domínios"[11].

Na segunda situação, Lola está com Freitas em um restaurante, bebendo cerveja, e ele lhe entrega o dinheiro que ela pedira. Lá, passa pela rua, diante dos dois, Rita, com quem Lola já cruzara minutos antes, trazendo à cabeça um chapéu que lhe parecera mais caro que o seu. A espanhola, então, manifesta o preconceito do qual o próprio escritor, Lima Barreto, era vítima: "como é que arranjara aquilo? Como é que havia homens que dessem tal luxo a uma mulher daquelas? Uma mulata..."[12]. Pois bem: vendo-a, novamente, Lola comenta com o amante:

– Lá vai aquela "negra".
– Quem?
– A Rita.

---

10. Pierre Bourdieu, *A Distinção: Crítica Social do Julgamento*.
11. Lima Barreto, "Um e Outro", p. 26.
12. *Idem*, p. 28.

– A Ritinha?... Está agora com o "Louro", *croupier* do "Emporium".
E em seguida acrescentou:
– Está muito bem.
– Pudera! Há homens muito porcos.
– Pois olha: acho-a bem bonita[13].

Lola revela seu inconformismo diante da situação de Rita, a quem ela considera socialmente menos distinta. Em simultâneo, por meio do amante, a espanhola descobre quem está "sustentando" as veleidades da outra: o "Louro".

Como sabemos, pela Análise de Discurso, "o dizer não é propriedade particular. As palavras não são só nossas. Elas significam pela história e pela língua. O que é dito em outro lugar também significa nas 'nossas' palavras"[14].

Nesse contexto, se minutos antes, para Lola, Rita era a mulata, agora é a "negra". O fato de Rita estar com o *croupier* a indigna ainda mais, a ponto de chamar de "porcos" os homens brancos que se interessam por mulheres mulatas, visando visivelmente reduzir o valor social de ambos. Na outra via, as palavras de Freitas atuam como força oposta a essa indistinção: se, para Lola, a outra é "a Rita", a "negra", para ele é a "Ritinha", que, inclusive, ele acha "bem bonita". Temos, por um lado, Lola assumindo a posição discursiva da classe dominante na sociedade brasileira do início do século XX e, do outro, Freitas, que a ela se opõe, como se evocando a crítica que Lima Barreto fazia aos seus contemporâneos.

O disparador da tensão que envolve esse conflito de valores está associado ao consumo: o chapéu que Rita usa lhe dá uma distinção maior no meio social, o que revolta Lola. Vale aqui lembrar que o intuito do sistema "filosófico" apregoado pela publicidade, por meio de seu discurso, é atribuir uma "aura" aos produtos. Para Rocha, em *Magia e Capitalismo*, a publicidade

---

13. *Idem*, pp. 29-30.
14. Eni Puccinelli Orlandi, *Análise de Discurso. Princípios & Procedimentos*, p. 32.

opera na sociedade de consumo como o totem nas sociedades tribais: faz a nomeação e individuação dos "objetos", dando-lhes uma personalidade – a sua diferenciação:

> Se por um lado, no domínio da produção, a dimensão do humano pode ser afastada das consciências particulares, por outro, o objeto só vai se completar enquanto produto no domínio do consumo. Vai ser neste domínio, nas relações de consumo, que o seu valor de uso, sua utilidade, seu sentido para o mundo humano se dá a conhecer plenamente. É no consumo que homens e objetos se olham de frente, se nomeiam e se definem de maneira recíproca[15].

O escritor e publicitário Orígenes Lessa, em uma das dezenas de crônicas que publicou sobre as estratégias criativas da propaganda, demonstra como a distinção pode ser acrescida a um produto por meio de uma formação discursiva peculiar: "tudo que é caro é melhor"[16].

Lessa relata a história de Madame Stein, que, em certa época, fora a maior chapeleira de Viena. Judia, perseguida pelos nazistas, vivera em campos de concentração e, após a queda de Hitler, emigrara para o Rio de Janeiro. Ao ver a baixa qualidade e os altos preços dos chapéus expostos nas vitrinas da então capital do Brasil, Madame Stein resolve abrir sua loja em Copacabana, onde passa a exibir os chapéus mais bonitos que de todos os seus concorrentes e mais baratos também. Mas, ao contrário do que ela esperava, as mulheres, apesar de deslumbradas pelos seus produtos, atravessavam a rua e iam comprar nas lojas mais caras.

Com o passar do tempo, e sem entender por que seus chapéus bem mais belos e econômicos não vendiam, Madame Stein, à beira da fome, tem uma crise de nervos. Enlouquecida, com

---

15. Everardo Rocha, *Magia e Capitalismo. Um Estudo Antropológico da Publicidade*, pp. 67-68.
16. Orígenes Lessa, "O Caso de Madame Stein".

gargalhadas histéricas, põe-se a remanejar absurdamente o preço dos produtos: de oitenta passa para oitocentos, de cento e vinte para mil e duzentos, de trezentos para 3300. E, então, se dá o desfecho "imprevisível" da história: as mulheres passam a afluir à loja e a comprar, por quantias exorbitantes, todo o estoque ali exposto, até mesmo os chapéus descorados pelo sol[17].

É por meio do consumo de bens, materiais e simbólicos, igualmente, ou daquilo que consomem outras pessoas como Rita, que Lola orienta a sua régua de distinção – distinção que a publicidade confere aos produtos através de seu discurso "mágico". O produto passa a se ligar a um estilo de vida, a uma identidade que o distingue no espaço social. O discurso publicitário, apoiado em estratégias retóricas, faz não só o produto virar gente, mas virar o "duplo" do consumidor[18]. Ou, como sentenciou Slater ao estudar a cultura do consumo na modernidade: "o sujeito faz o objeto e o objeto faz o sujeito"[19].

Diante de um automóvel – muito mais valoroso que um chapéu –, a escala dessa régua se ampliará a uma potência visivelmente superior, como veremos adiante. Para a espanhola, José era "o ente sobre-humano que ela via coado através da beleza daquele *carro* negro, arrogante, insolente, cortando a multidão de ruas, orgulhoso como um deus"[20].

3. O PRESENTE, O CARRO E O MOTORISTA

Depois de receber de Freitas o dinheiro que lhe pedira, Lola vai à Rua do Ouvidor visitar joalherias a fim de comprar um presente para "seu motorista amado". Nessa sua "peregrina-

---

17. *Idem.*
18. Everardo Rocha, *Magia e Capitalismo. Um Estudo Antropológico da Publicidade*, p. 109.
19. Don Slater, *Cultura do Consumo e Modernidade*, p. 102.
20. Lima Barreto, "Um e Outro", p. 26. Grifo nosso.

ção", temos outro elemento associado às práticas de consumo e à teoria do gosto de Bourdieu. A espanhola hesita diante das mercadorias:

> Que havia de ser? Um anel? Já lhe havia dado. Uma corrente? Também já lhe dera uma. Parou numa vitrine e viu uma cigarreira. Simpatizou com o objeto. Parecia caro e era ofuscante: ouro e pedrarias – uma coisa de mau gosto evidente. Achou-a maravilhosa, entrou e comprou-a sem discutir[21].

Duas considerações podemos fazer sobre esse trecho da história. A primeira se refere ao gosto como um sistema classificador que se consubstancia no consumo: assim como tivemos, na valoração social de Rita, uma divergência entre Lola e Freitas, aqui também temos uma oposição entre o que Lola concebe como um bem precioso (a cigarreira, ofuscante, de ouro e pedrarias, lhe parecia cara, e, por isso, ela a adquiriu) e a opinião do narrador sobre o mesmo objeto ("uma coisa de mau gosto evidente").

A segunda consideração nos leva a descolar o olhar do plano material dos objetos e notar como, uma vez no espaço social, no papel de duplo do consumidor, eles revelam relações de dominação e subserviência: Lola é amante de Freitas porque ele lhe assegura o consumo (a compra de roupas, a manutenção da casa com as criadas, a educação da filha etc.). Ao mesmo tempo, com o dinheiro de Freitas, Lola compra presentes para José (anel, corrente, cigarreira), garantindo ao motorista seu acesso a esse tipo de bens. E isso simplesmente porque José, embora sem posses, dirige um automóvel que a enfeitiçara.

Assim como os índios sul-americanos viam os brancos conquistadores e os cavalos que estes montavam como um único ser, Lola, pelo fetiche que desperta a mercadoria[22], vê o motorista e

21. *Idem*, p. 30.
22. Karl Marx, *O Capital. Crítica da Economia Política*, Livro I: *O Processo de Produção do Capital*.

o carro também como um mesmo "objeto" de prazer: "ambos, *chauffeur* e *carro*, não os podia separar um do outro; e a sua imagem dos dois era uma única de suprema beleza, tendo a seu dispor a força e a velocidade do vento"[23].

Vejamos os rastros deixados pelo narrador no enredo, que corroboram nosso ponto de vista, o de que Lola se percebe superior por "consumir", através de uma relação afetiva com o motorista, o carro que ele dirigia – e, vale relembrar, nem sequer lhe pertencia.

Quando estava no bonde, Lola não viu nos demais passageiros ninguém semelhante, "em nenhum ela sentiu uma alma". Diferentemente dela, ninguém ali já passeara num automóvel,

[...] aquela magnífica máquina, que passava pelas ruas que nem um triunfador, era bem a beleza do homem que o guiava: e, quando ela o tinha nos braços, não era bem ele quem a abraçava, era a beleza daquela máquina que punha nela ebriedade, sonho e a alegria singular da velocidade[24].

O narrador acentua o sentimento de indistinção que Lola tem por aqueles que se valem do transporte coletivo, ao lembrar que, embora indo também de bonde ao encontro de José, ela, no entanto, saía pelas ruas da cidade no automóvel guiado pelo motorista, vingando-se, assim, "do desdém com que a cobriam, e orgulhosa de sua vida":

A vida de centenas de miseráveis, de tristes e mendicantes sujeitos que andavam a pé, estava ao dispor de uma simples e imperceptível volta ao guidão; e o motorista, aquele motorista que ela beijava, que ela acariciava, era como uma divindade que dispusesse de humildes seres deste triste e desgraçado planeta[25].

---

23. Lima Barreto, "Um e Outro", p. 26. Grifo nosso.
24. *Idem, ibidem.*
25. *Idem*, p. 27.

Como afirma Rocha, a esfera do consumo, no mundo burguês, é o palco das diferenças, uma vez que "homens e objetos adquirem sentido, produzem significações e distinções sociais"[26]. Os produtos não são consumidos de forma neutra, trazem um universo simbólico de distinção, que exprime uma identidade, uma visão de mundo, um *modus vivendi*. Não por acaso, entre o carro e o *chauffeur*, Lola

[...] estabelecia um laço necessário, não só entre as imagens respectivas como entre os objetos. O *carro* era como os membros do outro e os dois complementavam-se numa representação interna, maravilhosa de elegância, de beleza, de vida, de insolência, de orgulho e força[27].

Assim, se pelo consumo de um bem – o automóvel – Lola se diferencia dos demais sujeitos, o seu não consumo a levaria a uma condição de distinção inferior, daí por que, quando o bonde passa diante do Passeio Público e ela vê um simples táxi, conduzido por alguém parecido com José, imediatamente expulsa de seu pensamento essa possibilidade. Seu amado no volante de um táxi? Era impossível!

Tanto quanto o carro (superior) e o táxi (inferior), a sua régua de distinção se aplica também aos demais objetos de consumo, inclusive outros veículos de transporte: em sua viagem de bonde, Lola passa ao lado do mar e reflete sobre a paisagem marítima. Como "nasceu do mar", barco a vela não a atrai, assim como barco a vapor, que, na sua opinião, não passa de "um grosseiro engenho demasiado humano, sem relações com ela"[28].

A espanhola segue adiante, para se encontrar com José, depois de comprar o presente para ele – a cigarreira. Ao pen-

---

26. Everardo Rocha, *Magia e Capitalismo. Um Estudo Antropológico da Publicidade*, p. 67.
27. Lima Barreto, "Um e Outro", p. 27. Grifo nosso.
28. *Idem, ibidem.*

sar nos mimos que oferece ao motorista, Lola revela a "humanização" dos produtos no domínio do consumo, apontada por Rocha: "aqueles presentes como que o prendiam mais a ela, como que o ligavam eternamente à sua carne e o faziam entrar em seu sangue"[29]. Já que o consumo dos objetos diferencia e distingue as pessoas, para compensar o prazer que ela tem ao passear no automóvel "silencioso, severo, resoluto e insolente, pelas ruas em fora, dominado pela mão destra do *chauffeur* que ela amava"[30], Lola presenteia continuamente José, visando, assim, garantir-lhe o mesmo grau de distinção.

Mas, ao chegar na "casa", no bairro da Candelária, onde vem se encontrando com José, Lola toma precauções para não ser vista pelos frequentadores, atitude justamente contrária ao seu comportamento até então, quando se exibia a pé ou no bonde em outros pontos da cidade. García Canclini afirma que o consumo corrobora o sentido de pertencimento a um grupo[31], e, claro, é nos locais onde circula a gente privilegiada que a espanhola se movimenta com orgulho. Já àquela outra região, onde se dá, costumeiramente, o *rendez-vous* com o motorista, ela não se julga mais pertencente – ser apanhada ali negaria toda a distinção que conquistou.

E é, finalmente, no encontro de Lola com José, o desfecho da história, que notamos às claras como o consumo categoriza as pessoas. No quarto, ela beija o motorista com volúpia, mas não é correspondida. O narrador, então, começa o julgamento desses dois personagens, que, ao longo do conto, haviam sido vistos apenas pela ótica de Lola. De José, diz que o sujeito de "rosto grosseiro e vulgar", não tinha prefácios para o amor. E, como Lola insiste nos carinhos, o narrador

29. *Idem*, p. 30.
30. *Idem*, p. 31.
31. Néstor García Canclini, *Consumidores e Cidadãos: Conflitos Multiculturais da Globalização*.

"lembra" que esse gesto não é só o desejo sincero dela por ter aquele homem, mas também "resíduos da profissão", explicitando o que foi insinuado no decorrer da narrativa – que a espanhola fora uma prostituta e ascendera "vendendo" seu produto, o corpo.

Uma conversa curta entre o casal se dá enquanto Lola se despe diante dos olhos incendiados de cupidez de José, e é nesse ponto que a verdade, insinuada pelo narrador páginas antes e que ela não quis aceitar, vem como uma "pancada". O motorista lhe diz que saiu do emprego, não dirige mais o automóvel, "ando agora num táxi", esclarece ele. A espanhola quase desmaia, a sua régua de distinção, em um extremo, abruptamente se desloca para o outro: "aquele Deus, aquele dominador, aquele supremo indivíduo descera a guiar um táxi, sujo, chacoalhante, mal pintado, desses que parecem feitos de folha de Flandres!"[32]

É como se, de súbito, o processo objetivo de produção e a história social do produto (o táxi) se desvelassem para Lola. O verbo descer, na expressão "aquele supremo indivíduo descera a guiar um táxi", exprime a queda imediata do motorista na classificação da mulher. Para ela, se José saiu do automóvel "dominador" e passou a dirigir um veículo "desses que parecem feitos de folha de Flandres", o *status* dele foi rebaixado irremediavelmente. Em seu pensamento, a dissociação homem e máquina se desfaz – e, sem a máquina, o homem à sua frente se transforma:

E aquela abundante beleza do automóvel de luxo que tão alto ela via nele, em um instante, em um segundo, de todo se esvaiu. Havia internamente, entre as duas imagens, um nexo que lhe parecia indissolúvel, e o brusco perturbou-lhe completamente a representação mental e emocional daquele homem. Não era mais o mesmo, não era o semideus,

32. Lima Barreto, "Um e Outro", p. 32.

ele que estava ali presente; era outro, ou antes era ele degradado, mutilado, horrendamente mutilado[33].

Então, como no poema de Drummond, Lola só tem uma alternativa: *stop*. O motorista a chama à cama: "Vens ou não vens?" Ela se deita com "muita repugnância" ao lado dele – e pela última vez! José deixou de ser o seu "amado" e se iguala ao seu "amante" Freitas, iluminando o título do conto, "Um e Outro". Para Lola, ambos agora estão na mesma posição, que já não a satisfaz plenamente. Não se diferencia esse daquele em seu sistema de distinção. José não tem mais o produto que a levara a valorá-lo acima de Freitas. Sem o automóvel, a espanhola tem de parar, interromper, frear a vida amorosa com ele. Na certa, dali em diante, como fizera anteriormente, escolhendo homens que lhe serviam para a ascensão social, Lola seguirá, como no poema de Pessoa citado no início deste capítulo, "por outra estrada, por outro sonho, por outro mundo" que lhe assegure os bens de consumo.

4. O CONSUMO VISTO PELO RETROVISOR

O conto de Lima Barreto ilustra, literariamente, o que nos dizem Douglas e Isherwood, dois importantes estudiosos do consumo, pelo prisma da antropologia: "O consumo é como um código, e através deste código são traduzidas muitas de nossas relações sociais. Ainda mais: este código, ao traduzir relações sociais, permite classificar coisas e pessoas, produtos e serviços, indivíduos e grupos"[34].

Os discursos que irrigam os meios de comunicação de massa, como a publicidade, amplificam os limites desse código, levando a que os indivíduos se socializem pelo consumo de modo

---

33. *Idem*, p. 33.
34. Mary Douglas & Baron Isherwood, *O Mundo dos Bens: Para uma Antropologia do Consumo*, p. 16.

semelhante. Não por acaso, o *slogan* da clássica campanha das camisas US Top era "o mundo trata melhor quem se veste bem".

Independentemente de como o homem amanhã se relacionará com as mercadorias, seja o automóvel ou qualquer outra, o fato de consumi-las, e, por vezes, mais seus discursos que elas mesmas, mais o signo do que a coisa, já nos diz muito sobre a sua condição, os seus valores, o seu *ethos*. Um "arqueólogo do futuro", como o nomeou Alfredo Bosi, ao analisar o terceiro milênio, encontrará "restos de uma civilização que estava literalmente tomada pelo desejo de acumular signos cada vez mais virtuais e objetos cada vez mais descartáveis. Entesourar o que era lábil, e aceitar a própria labilidade das coisas como um destino necessário e, afinal, apetecível"[35].

Nessa sociedade, não será difícil notarmos que os "signos e coisas, signos-coisas, coisas-signos mutuavam-se e, em breve tempo, sumiam para deixar espaço a outros tantos protocolos de objetos"[36].

A espanhola Lola, protagonista da história de Lima Barreto, que aqui retextualizamos para o domínio da comunicação e das práticas do consumo, antecipava esse "estilo" de vida no início do século passado – quando o automóvel já não era apenas um sonho de consumo, mas também uma realidade distintiva.

35. Alfredo Bosi, *Entre a Literatura e a História*, p. 397.
36. *Idem, ibidem.*

IV. *Natal na Barca*, de Lygia Fagundes Telles, e a Fé no Consumo[1]

1. INÍCIO DA TRAVESSIA: MUNDOS DE LUZ E SOMBRA

Não são poucas as críticas feitas à publicidade, sobretudo aquelas, vindas de seu próprio *habitat*, como a do "publicitário" Oliviero Toscani, que a acusa de construir um mundo unicamente solar, no qual não há morte, nem dor, e onde tudo é lindo e maravilhoso[2]. Torres i Prat afirma que esse mundo, artificial e fascinante, é a autêntica *Matrix* do nosso tempo, em alusão ao filme de ficção científica dos irmãos Wachowski[3]. Levy, por sua vez, relativizando o vetor positivo da publicidade – o fomento ao consumo –, enfatiza o seu lado negativo, o de operar contra a própria imagem das marcas anunciantes, gerando consumidores insatisfeitos, já que a experiência do público com os produtos e serviços não corresponde à "realidade" luminosa das mensagens[4].

---

1. Publicado originalmente com o título "Um Conto de Natal e a Fé no Consumo", *Interin*, vol. 21, n. 1, pp. 129-144, Curitiba, jan.-jun. 2016.
2. Oliviero Toscani, *A Publicidade É um Cadáver que nos Sorri.*
3. Joan Torres I Prat, *Consumo, Luego Existo. Poder, Mercado y Publicidad.*
4. Armando Levy, *Propaganda: A Arte de Gerar Descrédito.*

Rocha argumenta que as mazelas no domínio da produção dos bens, onde avulta a desumanização, "desaparece" quando o discurso das empresas passa por uma ponte – a publicidade –, para o lado do consumo, território onde as mercadorias se humanizam[5]. Podemos dizer, assim, que o mundo das sombras, lastreado no real, digladia com o mundo do sol, o idílio do consumo, e, à semelhança dos homens que na mitologia grega desciam às terras dos mortos, o discurso corporativo, passando pelas águas transformadoras do rio Letes (a criação publicitária), "esquece" o lado negro ao alcançar o lado da luz.

O conto "Natal na Barca", de Lygia Fagundes Telles, que aqui vamos retextualizar para discutir aspectos da poética publicitária, começa justamente com a narradora enunciando "não quero nem devo lembrar aqui por que me encontrava naquela barca", frase que se aproxima do início do *Dom Quixote*, de Miguel de Cervantes Saavedra, obra que também registra uma "trajetória" de transformação: "num lugar de La Mancha, de cujo nome não quero lembrar-me..."[6]

A protagonista-narradora de "Natal na Barca" abre a história quando a barca já havia saído de uma margem e singrava o rio em direção à outra:

Só sei que em redor tudo era silêncio e treva. E que me sentia bem naquela solidão. Na embarcação desconfortável, tosca, apenas quatro passageiros. Uma lanterna nos iluminava com sua luz vacilante: um velho, uma mulher, uma criança e eu[7].

Eis aí, delineados, os dois mundos – um, como veremos, obscuro e do qual ela se afasta; e o outro, que a receberá "transformada".

---

5. Everardo Rocha, *Magia e Capitalismo. Um Estudo Antropológico da Publicidade.*
6. Miguel de Cervantes Saavedra, *Dom Quixote de La Mancha*, p. 29.
7. Lygia Fagundes Telles, "Natal na Barca", p. 67.

O conto vai partindo, como a barca, de um território sombroso, que a narradora quer esquecer, em direção a outro, uma cidade, não por acaso maior – já que uma metamorfose pressupõe alargamento do ser. Pelas suas primeiras linhas, sabemos que a viagem está no fim, é noite – e a ela se associa o passado –, mas não noite a caminho de ser noite ainda mais funda e, sim, noite que ruma para chegar à luz, ao futuro: "ali estávamos os quatro, silenciosos como mortos num antigo barco de mortos deslizando na escuridão. Contudo, estávamos vivos. E era Natal"[8]. Se a noite (morte) é o reino sombrio, o Natal (vida) é a nova existência que vem à luz.

A protagonista-narradora não faz nenhuma descrição do barqueiro, que, como o universo, é indiferente às alegrias e às dores das criaturas e segue fluindo no rio da História. O velho é apenas um "bêbado esfarrapado", que conversa com um "vizinho invisível" e, depois, dorme. A mulher apertava nos braços a criança enrolada em panos e, "o longo manto escuro que lhe cobria a cabeça dava-lhe o aspecto de uma figura antiga". Essa demarcação de traços caracterizadores dos personagens nos possibilita uma imediata e produtiva aproximação com a publicidade.

Bizzocchi, apoiando-se na semiótica modal de Greimas (o *querer* e o *dever*), afirma que o discurso apresenta várias funções hedônicas (o *querer*), entre as quais a estética (o *querer saber*) e a mística (o *querer crer*)[9]. Por outro lado, como já apontamos em outra obra, a publicidade apresenta duas linhas de forças criativas – a apolínea, que se vale de argumentos lógicos (razão); e a dionisíaca, que visa influenciar o público através de narrativas (emoção)[10]. Percebemos de saída, no conto em questão, a dominância da variante dionisíaca no discurso publici-

---

8. *Idem*, p. 68.
9. Aldo Bizzocchi, *Anatomia da Cultura. Uma Nova Visão sobre a Ciência, Arte, Religião, Esporte e Técnica*, pp. 92-95.
10. João Anzanello Carrascoza, *Razão e Sensibilidade no Texto Publicitário*.

tário, pois, como veremos, a história dessa mulher com uma criança é que vai *fazer* a personagem-narradora, então incrédula, efetivamente *crer*.

Assim, podemos dizer que o barqueiro é a entidade maior, o sistema produtivo. O velho representa o consumidor inatingível, aquele que, apesar das tentações do discurso, não pode nem vai consumir o produto. A mulher, a figura antiga – sua descrição no contexto, por isotopia, remete a Nossa Senhora –, cumpre o papel da linguagem publicitária.

Mas, para a linguagem assumir a sua função hedônica mística, ou seja, para que a narradora possa *querer crer,* é preciso que ela, a linguagem, "aconteça", que ela entre em curso, passando para a condição de discurso – coisa que se dará por meio da palavra. A narradora delimita o tempo e espaço cênico – a travessia da barca – apresenta os personagens, realçando a "mulher jovem e pálida", e comenta que, até então, não lhe ocorrera dizer a ela qualquer palavra. Enfatiza, inclusive, que "nem combinava mesmo com uma barca tão despojada, tão sem artifícios, a ociosidade de um diálogo"[11].

É sabido, contudo, que a publicidade, desde suas origens, mesmo com a ubiquidade midiática contemporânea, opera por meio de uma lógica de interrupção, ainda que não unicamente – as peças publicitárias "quebram" a sequência de notícias (numa publicação impressa, como jornal e/ou revista), ou a programação do rádio e da tevê (ocupando o "intervalo" comercial), em especial (mais no passado e menos atualmente) quando o público desfruta de seu tempo livre.

Para ocupar essa pausa, a narradora do conto mergulha a ponta dos dedos na água do rio; esse seu gesto vai romper o silêncio – ela comentará que a água está gelada – e iniciará a passagem definitiva do mundo das sombras para o mundo da luz. Isso porque a mulher, no ato, dirá em resposta "mas de manhã é quente", e completará, já desdobrando a argumentação por meio da narra-

---

11. Lygia Fagundes Telles, "Natal na Barca", p. 68.

tiva, "de manhã [esse rio] é quente [...] quente e verde, tão verde que a primeira vez que lavei nele uma peça de roupa, pensei que a roupa fosse sair esverdeada"[12].

O "verde" foi atirado, o discurso publicitário foi posto em operação a fim de levar a narradora a *querer crer*. A "esperança" da publicidade é, pois, que se acredite na sua narrativa.

2. A NARRATIVA DE UM DANO E A FÉ EM SUA REPARAÇÃO

Quando investe no *fazer crer*, portanto, por meio da ênfase em "argumentos" emocionais, o discurso publicitário mimetiza formatos literários, em especial a narrativa breve, quase sempre episódica.

Piglia afirma que um conto carrega invariavelmente duas histórias – uma aparente e outra oculta[13]. Apoiando-se em sua teoria, já demonstramos que as peças publicitárias, quando elaboradas à moda das *short stories*, trazem também duas histórias – uma, variável, que plasma, por meio do enredo, uma situação vivenciada pelos personagens; e outra, fixa, que tangibiliza a sua razão de ser, o diferencial do produto anunciado (o seu consumo simbólico, discursivo, e o convite para o seu consumo material)[14].

No conto "literário", como diz Piglia, a segunda história, cifrada, no final vem à superfície, onde se encontra com a primeira, e então se revela plenamente, aos menos aos olhos do "leitor semiótico", para usar uma conceituação de Eco[15]. Leitor esse que, diferente do "leitor semântico", não deseja apenas saber o que acontece, mas, sobretudo, como é narrado o que acontece na história. O mesmo ocorre com a narrativa da publicidade, de curta duração, seja ela expressa num anúncio ou num filme. No anúncio de Aspirina C (Fig. 1), por exemplo, a imagem no canto

---

12. *Idem, ibidem.*
13. Ricardo Piglia, *O Laboratório do Escritor*, pp. 37-40.
14. João Anzanello Carrascoza, *Razão e Sensibilidade no Texto Publicitário*, pp. 82-83.
15. Umberto Eco, *Sobre Literatura*, p. 208.

superior esquerdo nos mostra células do vírus da gripe, apresentando a primeira história por meio do seguinte diálogo:

E o Gracie?
Já derrubei.
Mike Tyson?
Também.
Maguila?
Umas quatro vezes.

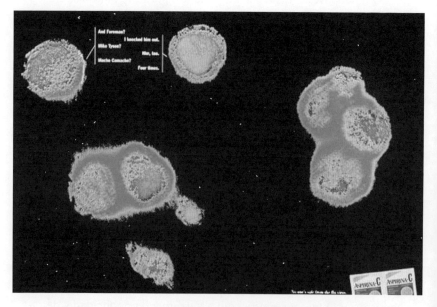

Figura 1: Anúncio de Aspirina c.

Essa história (primeira) nos lembra, portanto, que, independentemente de sermos fortes, como os campeões de boxe (Mike Tyson e Maguila) ou de outras modalidades de luta (Gracie), o vírus da gripe vai nos derrubar. No canto inferior esquerdo do anúncio, a segunda história, então oculta nas entrelinhas da primeira, se materializa, com a imagem de dois envelopes de Aspirina c e a seguinte frase, que enuncia a moral da peça publicitária:

O vírus da gripe não perdoa ninguém. Fique prevenido, tome Aspirina c.

Outro anúncio, de Loções Dove (Fig. 2), traz o testemunho de uma mãe, com seu filho ao colo, em cujo ventre se pode notar, visivelmente, a marca de cirurgia cesariana. Vejamos o seu depoimento:

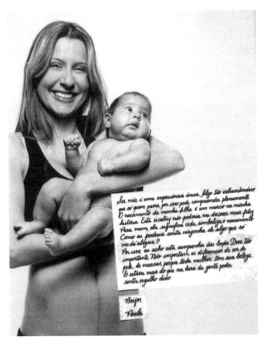

Figura 2: Anúncio Loções Dove.

Ser mãe é uma experiência única. Algo tão extraordinário que só quem passa por isso pode compreender plenamente. O nascimento da minha filha é um marco na minha história. Esta cicatriz não poderia me deixar mais feliz. Para mim, ela significa nascimento. Como eu poderia sentir vergonha de algo que só me dá alegria? Por isso eu acho esta campanha das loções Dove tão importante. Não importam as diferenças de cor de pele, de marcas, porque toda mulher tem sua beleza. E estava mais do que na hora da gente poder sentir orgulho disso. Beijos, Paula.

Na primeira história, Paula, a protagonista, em discurso direto, conta a sua experiência de ser mãe e a cicatriz que o nascimento de seu filho deixou em seu corpo, da qual ela não se envergonha. Então, emerge a segunda história, que é, como vimos, na publicidade, sempre relacionada ao consumo: ela usa loções Dove e concorda que a campanha "explore" criativamente as diferenças – sobretudo, as marcas – entre as mulheres, que, em verdade, deveriam, como no caso dela, se orgulhar de tê-las. Daí o *slogan* da campanha "Toda mulher é bonita se sua pele é bem nutrida". Não importa se ela tem alguma cicatriz, sua pele, se tratada com loções Dove, será bonita.

Retornemos, agora, à trama de "Natal na Barca", à sua história aparente, que, para o leitor semiótico já insinua a ponta do fio que desenovela a história cifrada, o *fazer crer* que a mulher, com a criança no colo, uma vez iniciado o diálogo, faticamente, pelo comentário da narradora sobre a temperatura da água, irá operacionalizar, contando a sua vida.

A linguagem, como uma rede, está na mão de ambas, a narradora e a personagem feminina, e essa, questionada se "mora aqui por perto", responde que mora em Lucena – palavra que remete, não sem intenção, à "luz" – e diz, ao contrário de sua interlocutora ao iniciar a história, o motivo pelo qual está ali naquela barca: o seu filho está doente. "Vou ao especialista, o farmacêutico de Lucena achou que eu devia ver um médico hoje mesmo. Ainda ontem ele estava bem mas piorou de repente. Uma febre, só febre... Mas Deus não vai me abandonar"[16].

16. Lygia Fagundes Telles, "Natal na Barca", p. 69.

Estabelecido o diálogo, a história aparente desse conto vai se desdobrando, com a delimitação sólida, a partir dos fatos narrados pela mulher – assim como entre o anunciante e o público por meio da publicidade –, do mundo da luz, da crença em seu ponto de vista esperançoso ante os trechos escuros da vida. Se a narrativa literária é a exposição de um dano e sua tentativa de reparação – senão na "realidade" da ficção, ao menos no "percurso" da leitura –, eis que ela aparece aqui, logo em seguida, quando, indagada se esse menino febril é seu filho caçula, a figura feminina responde:

É o único. O meu primeiro morreu o ano passado. Subiu no muro, estava brincando de mágico quando de repente avisou, vou voar! E atirou-se. A queda não foi grande, o muro não era alto, mas caiu de tal jeito... Tinha pouco mais de quatro anos[17].

A narradora-protagonista, que fumava um cigarro – uma pequena luminosidade na escuridão –, apaga-o e se vê obrigada a mudar de assunto, pois o melhor era desviá-lo para aquele filho ali, doente, mas vivo, e, então, ela pergunta a idade do bebê. A mulher, depois de responder que ele "vai completar um ano", continua a contar o seu dano, a perda do outro filho:

Era um menino tão alegre. Tinha verdadeira mania com mágicas. Claro que não saía nada, mas era muito engraçado... A última mágica que fez foi perfeita, vou voar! disse abrindo os braços. E voou[18].

Se as mágicas desse menino falharam, as da publicidade alcançam melhor resultado. Por meio da linguagem, a publicidade transforma o mundo desumano da produção dos bens no mundo

17. *Idem, ibidem.*
18. *Idem, ibidem.*

glamoroso do consumo. Como afirma Rocha, "nada mais mágico que o anúncio publicitário"[19].

Mas, ainda que a narradora queira "ficar só naquela noite, sem lembranças, sem piedade", ou seja, se manter no mundo das sombras, os "laços humanos", atirados como uma rede pela mulher sobre ela, a envolvem e a levam a seguir a conversa, abrindo-se definitivamente para a concretização do *fazer crer*. A conversa segue com a pergunta "seu marido está à sua espera?", ao que, imediatamente, a mulher responde "meu marido me abandonou", revelando um alargamento do dano e sua ramificação em outra perda.

A narradora, sem ter como fugir da história, como o público ante a presença da publicidade nos *mass media*, se emaranha ainda mais, pois pergunta, em seguida, se faz tempo que a mulher foi abandonada pelo marido e, assim, acaba por manter vivo o pretexto para que ela desdobre a sua história, e, então, a faça acreditar nas "vantagens" de seu mundo (de luz). Tanto é assim, que, depois de contar, com detalhes expressivos, que o marido a trocou por uma antiga namorada, a mulher aproveita para dizer a sua profissão, que reforça, como traço isotópico, seu papel persuasivo: "fui morar com minha mãe numa casa que alugamos perto da minha escolinha. Sou professora"[20].

Se, no âmbito da história aparente de "Natal na Barca", há pouca importância no fato de que a mulher é uma professora, na história oculta ela ganha dimensão vital, pois professor é aquele que professa, que *faz* alguém *crer*, que vai ensinar a narradora alguma lição – no nosso caso, o "benefício" do consumo. Sabe-se, curiosamente, que, desde seus primórdios, a publicidade carreia uma função pedagógica, de apresentar e incentivar o público em direção às novas formas e práticas de consumo. Os cartazes

19. Everardo Rocha, *Magia e Capitalismo. Um Estudo Antropológico da Publicidade*, p. 128.
20. Lygia Fagundes Telles, "Natal na Barca", p. 70.

da Belle Époque, por exemplo, mostravam, didaticamente, "como" os novos produtos deveriam ser consumidos pelo público. Nesse *afiche*, pintado por Alphonse Mucha, para Bières de la Meuse, não temos a ênfase no produto em si (a garrafa), mas o flagrante, que ocupa o centro do quadro, de uma cena de consumo – uma bela mulher bebendo cerveja (Fig. 3).

Figura 3: *Afiche* de Bières de la Meuse.

Outro *afiche*, de Steinler, para a Compagnie Française des Chocolats et des Thés, apresenta, numa situação doméstica, o consumo de chocolate entre família (Fig. 4).

Figura 4: *Afiche* da Compagnie Française des Chocolats et des Thés.

Vale lembrar, também, que um dos recursos retóricos recorrentes no discurso publicitário é o "apelo à autoridade", o testemunho de "personalidades" que detêm algum conhecimento, os mestres no assunto que, então, "recomendam" ao consumidor esse ou aquele produto. E, se no passado esse procedimento suasório se assentava unicamente no uso de especialistas ou figuras célebres, na atualidade, com a espetacularização da vida cotidiana, a "autoridade" que protagoniza certas peças publicitárias pode ser um representante do povo, "gente como a gente", desconhecida, até mesmo anônima, como a mulher do conto.

Em plano mais amplo, as próprias agências de publicidade, nos anos 1950, num dos períodos de grande crescimento do negócio publicitário no Brasil, em virtude do modelo desenvolvimentista de Juscelino Kubitschek, como se refém de um discurso de uma nota só, se posicionavam como "conselheiras" dos anunciantes[21]. A elas cabia ensinar às empresas como estabelecer uma comunicação eficiente com o seu público, para gerar mais vendas.

De volta novamente à trama do conto, sabemos, agora, que aquela figura feminina ali está para professar a sua fé no mundo da luz – o consumo, em nossa analogia –, mas é preciso testar a sua "autoridade", assim como a descrença da narradora vinha sendo colocada à prova desde que se iniciou o diálogo entre ambas. Dessa forma ela expressa o estilo narrativo da mulher:

Ia contando as sucessivas desgraças com tamanha calma, num tom de quem relata fatos sem ter realmente participado deles. Como se não bastasse a pobreza que espiava pelos remendos da sua roupa, perdera o filhinho, o marido, via pairar uma sombra sobre o segundo filho que ninava nos bra-

---

21. João Anzanello Carrascoza & Tânia Hoff, "Narrativa Publicitária: Modernização e Consumo no Brasil dos Anos 1950. Primeiro Movimento".

ços. E ali estava sem a menor revolta, confiante. Apatia? Não, não podiam ser de uma apática aqueles olhos vivíssimos, aquelas mãos enérgicas[22].

Ao dizer "A senhora é conformada", a narradora ouve, em resposta: "Tenho fé, dona. Deus nunca me abandonou". Em seguida, a mulher lhe pergunta se ela acredita em Deus. A narradora responde que sim, mas, ouvindo a própria voz, não suficientemente forte para desafiar o silêncio e a escuridão da noite, compreende de onde vem a segurança e a calma dessa mulher: da sua fé.

Fé que faz o milagre, a transformação, fé que foi capaz de levá-la de um mundo morto para um mundo vivo, como, imediatamente, ela faz questão de provar para a narradora, com o seguinte relato: logo depois da morte de seu menino, acordou uma noite desesperada, saiu descalça pela rua, chorando, feito louca, chamando por ele: "Sentei num banco do jardim, onde toda tarde ele ia brincar. E fiquei pedindo, pedindo com tamanha força, que ele, que gostava tanto de mágica, fizesse essa mágica de me aparecer só mais uma vez"[23]. Então, já sem lágrimas, ela encosta a cabeça no banco e dorme – e aí se dará, não por acaso, a "realização" de seu sonho, a transposição para a luz:

> Então sonhei e no sonho Deus me apareceu, quer dizer, senti que ele pegava na minha mão com a sua mão de luz. E vi o meu menino brincando com o Menino Jesus no jardim do Paraíso. Assim que ele me viu, parou de brincar e veio rindo ao meu encontro e me beijo tanto, tanto... Era tamanha sua alegria que acordei rindo também, com o sol batendo em mim[24].

Eis aí a felicidade que se consubstancia na esfera do consumo, na sua fruição, material ou simbólica – deixando para trás o lado escuro da produção. Em "Natal na Barca", a vontade da mulher

---

22. Lygia Fagundes Telles, "Natal na Barca", p. 70.
23. *Idem*, p. 71.
24. *Idem, ibidem*.

de rever o filho morto realiza-se por meio do sonho, elemento mágico, transformador, como a publicidade. Rocha afirma que

[...] o anúncio, como moldura de acontecimentos mágicos, faz do produto um objeto que convive e intervém no universo humano. O anúncio projeta um estilo de ser, uma realidade, uma imagem das necessidades humanas que encaixa o produto na vida cotidiana[25].

À diferença da realidade, o território publicitário é onde tudo se resolve, é a narrativa não de nossa vida mas de uma "outra vida" possível e bem mais favorável. O mundo dentro dos anúncios elimina a dor, "a solidão, a exploração entre os homens, a doença, as minorias oprimidas"[26].

Em outras palavras, um conjunto de feitos mágicos são viabilizados no universo ficcional da publicidade. Mas, no conto em questão, a mágica principal, catalisadora definitiva da fé, então vacilante da narradora-protagonista, ainda não foi realizada. E o será, ato contínuo, quando ela, sem saber o que dizer depois de ouvir da mulher aquela façanha, levanta a ponta do xale que cobria a cabeça da criança doente:

O menino estava morto. Entrelacei as mãos para dominar o tremor que me sacudiu. Estava morto. A mãe continuava a niná-lo, apertando-o contra o peito. Mas ele estava morto[27].

É o momento da "transformação", quando a noite é mais noite, quando a treva é tão treva que dela brotará a luz. Como vimos, a água do rio, verde e quente, é símbolo da esperança – então, a narradora se debruça na grade da barca, respira peno-

---

25. Everardo Rocha, *Magia e Capitalismo. Um Estudo Antropológico da Publicidade*, p. 139.
26. *Idem*, p. 140.
27. Lygia Fagundes Telles, "Natal na Barca", p. 71.

samente e se sente "como se estivesse mergulhada até o pescoço naquela água". Nesse momento, a embarcação (e a primeira história) está justamente chegando ao outro lado, que não é, como pensa ela, o lado da realidade, mas, sim, o do sonho, e, para nós, o mundo luminoso do consumo.

A narradora, na iminência da ancoragem no plano real, deseja fugir antes que a mãe descubra o filho morto, precisa se afastar ao máximo dali. É aí que, de fato, chegamos, nitidamente, ao clímax do conto – à semelhança do que ocorre na narrativa publicitária que faz coincidir a entrada do produto ao seu ponto de desfecho[28] – o lance de mágica: antes que ela, já na outra margem, pudesse se afastar "daquele horror", a mulher ergue o xale que cobria a cabeça do bebê:

– Acordou o dorminhoco! E olha aí, deve estar agora sem nenhuma febre.

– Acordou?!

Ela sorriu:

– Veja...

Inclinei-me. A criança abrira os olhos – aqueles olhos que eu vira cerrados tão definitivamente. E bocejava, esfregando a mãozinha na face corada. Fiquei olhando sem conseguir falar[29].

Nesse exato "instante" se dá o "milagre", exequível no espaço da ficção, onde nem a verdade e nem a mentira vigoram, mas, sim, o "mágico". A mulher ainda dirá à narradora, antes de desaparecer, "Então, bom Natal!", recordando-nos que a ação do conto se passa na noite de Natal, na qual se comemora o nascimento de Cristo, a vinda à luz daquele que, depois, haveria de operar tantos milagres.

---

28. João Anzanello Carrascoza, "A Cena de Consumo. Um Detalhe da Estética Publicitária".

29. Lygia Fagundes Telles, "Natal na Barca", p. 72.

Terminada dessa maneira a "lição" dada pela professora à narradora, não nos resta senão indagar se a falta de fé dessa última vislumbrou a morte da criança quando nela ainda havia vida ou se, de fato, a fé poderosa da mãe foi capaz de realizar a mágica de resgatá-la do mundo dos mortos. Seja como for, o *fazer crer* se torna, finalmente, algo *feito*, ainda que *incrível*. A professora nos mostra que, apesar dos danos sofridos (a morte do filho primogênito, o abandono do marido), é possível repará-los, por meio do passe mágico (da fé), e ela assim o fez, sobretudo graças à criança doente.

A narradora, a última a sair da barca, ainda vê o velho bêbado passar, conversando novamente com seu vizinho invisível – e ele, já o dissemos, representa os excluídos do consumo, aqueles que o discurso (a publicidade) não tem interesse em atrair, o que é uma posição recíproca. Já ela, uma vez "conquistada", volta-se para o rio e pode imaginá-lo como seria de manhã cedo: "verde e quente. Verde e quente". São essas as suas últimas palavras. E assim é, também, o mundo dentro das peças publicitárias: verde e quente. Bom e caloroso. Vivo e promissor.

A professora *fez* a narradora entrar em seu mundo – e, então, *crer* e comungar com seus valores. Como nos dizem Douglas e Isherwood, "o desfrute do consumo físico é só uma parte do serviço prestado pelos bens: a outra parte é o desfrute do compartilhamento de símbolos"[30].

A história aparente deixa entrever, ao fim, a história oculta, que sobe à tona para desaguar, também, no término de nossa retextualização. Entre uma e outra, corre, portanto, o rio metafórico que une as duas pontas do sistema capitalista – a produção e o consumo de bens.

---

30. Mary Douglas & Baron Isherwood, *O Mundo dos Bens: Para uma Antropologia do Consumo*, p. 125.

3. O DISCURSO RESSUSCITA A FÉ NO CONSUMO

Assim como o conto de Lygia Fagundes Telles – após a travessia por essas águas interpretativas sobre o processo de *fazer crer* da publicidade a partir de uma obra literária –, chegamos à outra margem de nosso ensaio, onde, como vimos, as duas histórias se juntam.

Podemos concluir que, em "Natal na Barca", para além da história aparente, que recontamos, a história oculta está centrada no poder da crença, capaz de "ressuscitar" uma vida; e na descrença, que "vê" morte onde ainda há vida. Por meio dela, notamos, analogamente, como o discurso persuasivo é a "profissão de fé" da publicidade, que, investindo num caminho dionisíaco, produz histórias para levar o público a acreditar em seu mundo – sempre possível – de luz. Não que as sombras estejam ausentes da narrativa publicitária, mas o universo solar, evidentemente, é aquele que nela predomina. Em sua crítica à propaganda, Toscani afirma:

[...] nas estradas desertas, mulheres jovens, de belas pernas bronzeadas, dirigem carrões rutilantes que mal acabaram de sair da lavagem automática. Elas ignoram os acidentes, a cerração, os controladores de velocidade, a possibilidade de furar um pneu[31].

Contudo, as lógicas de produção da publicidade vão além dessa "perfeição": por vezes, com o intuito de ilustrar o diferencial do bem anunciado, para *fazer* o público *crer* nele, no mundo fictício que o distingue de outros tantos, as suas histórias incorporam, sim, aspectos obscuros. Não são poucas as campanhas publicitárias, como as da marca Dove, nas quais a ênfase da persuasão é direcionada à ponta oposta, não a habitual, e o que vemos nos comerciais e materiais impressos não são mulheres

---

31. Oliviero Toscani, *A Publicidade É um Cadáver que nos Sorri*, p. 13.

jovens, de belas pernas bronzeadas. Da mesma forma, não é difícil encontrarmos exemplos de filmes publicitários, de variados produtos, nos quais estão presentes mazelas humanas, perdas familiares, angústias subterrâneas.

Nesses casos, tais traços, nada luminosos da existência, são levados à narrativa para que, no desfecho de sua trama, a luz (da marca anunciante) se faça. Em outras palavras: embora não seja prioritário em seu cânone, quando for estratégico, a publicidade haverá de explorar também o sombroso. É o que Safatle, ao analisar padrões retóricos de consumo, chamou de posicionamento bipolar de marca[32]. Para operar o seu "milagre", podemos dizer que o discurso publicitário investe na claridade, mas, caso seja preciso, não hesitará em mercantilizar a obscuridade.

Assim, tanto quanto numa manjedoura, na embarcação tosca (do conto "Natal na Barca", aqui retextualizado), sobre um rio envolto na escuridão, a sensibilidade humana é capaz de nos convencer de que a sua magia pode estar, igualmente, a serviço da luz e das trevas. O amanhã só será verde e quente se tivermos fé na sua (nossa) transformação.

Talvez seja por isso que, na concepção de Baudrillard, a publicidade opere pela lógica do Papai Noel[33]. Sabemos que o velho bondoso não existe, mas "fingimos" que acreditamos nele, talvez porque, de fato, queiramos crer em algo. Ou talvez porque à figura dele está associada uma boa história – barca que nos tira das sombras do real e nos leva ao sol das fábulas.

---

32. Vladimir Safatle, "Identidades Flexíveis como Padrão da Retórica de Consumo", p. 102.
33. Jean Baudrillard, *O Sistema dos Objetos*.

v. Scott Fitzgerald e o Trabalho Publicitário: Uma *Jam Session*[1]

1.IMPROVISO, *JAM SESSION* E CRIAÇÃO PUBLICITÁRIA

O discurso publicitário, independentemente dos meios de comunicação nos quais se espraia, expressa valores das marcas anunciantes que, por meio das mais variadas estratégias de produção discursiva, visam sensibilizar o público para seus atributos corporativos e/ou para as qualidades de seus produtos e serviços.

Se, de um lado, nem sempre esse mesmo público consome materialmente aquilo que as marcas lançam no mercado, por outro, em virtude da extensão atual do sistema midiático, ampliado pela ubiquidade do universo digital, é impossível que não esteja consumindo largamente o discurso de tais marcas. Rocha afirma que "se compararmos o fenômeno do 'consumo' de anúncios e o de produtos, iremos perceber que o volume de 'consumo' implicado no primeiro é infinitamente superior ao do segundo"[2].

---

1. Publicado originalmente com o título "O Trabalho Publicitário: uma jam session. Improviso na Criação e Cotidiano de Poucas Variações", *Contracampo*, vol. 35, n. 3, Niterói, dez. 2016 – mar. 2017.

2. Everardo Rocha, *Magia e Capitalismo. Um Estudo Antropológico da Publicidade*, p. 27.

Daí a importância de conhecer o *modus operandi* dos profissionais que criam os materiais publicitários (e a natureza de seu ofício), posto que são eles quem delimitam o "modo de ver" da publicidade – atividade, conforme Berger, comparável a um "sistema filosófico", por promover uma visão particular do mundo[3]

Em seu já clássico livro *Magia e Capitalismo*, Rocha aponta que, para os próprios publicitários, "o conhecimento em publicidade se aproxima, por um lado, da noção de 'ciência' e, por outro, da noção de 'arte'"[4]. Ramos, um dos primeiros a escrever sobre a história da propaganda no Brasil, lembra-nos que a arte foi uma das matrizes da publicidade: como tal ofício surgiu no âmbito da mídia impressa, poetas e escritores foram os primeiros produtores de textos publicitários, bem como os pintores e artistas plásticos aqueles que cuidaram, inicialmente, da instância visual dos cartazes e anúncios feitos para promover bens de serviço[5].

Assim, o processo criativo publicitário incorpora, desde sua origem, procedimentos das artes em geral. E o trabalho artístico, seja qual for, sempre conta com o improviso, gesto que é capaz de surpreender, no ato da criação, as linhas de forças acenadas em sua prévia preparação. O improviso é, inesperadamente, o que emerge na própria ocasião do fazer, como numa *jam session*.

O método criativo na publicidade se dá por meio de bricolagem, ou seja, a utilização de materiais que os criadores têm à mão, e o improviso é um dos elementos que entram nessa composição[6]. Apesar do trabalho publicitário ser "guiado" pe-

---

3. John Berger, *Modos de Ver*.
4. Everardo Rocha, *Magia e Capitalismo. Um Estudo Antropológico da Publicidade*, p. 50.
5. Ricardo Ramos, *Do Reclame à Comunicação. Pequena História da Propaganda no Brasil*.
6. João Anzanello Carrascoza, *Do Caos à Criação Publicitária. Processo Criativo, Plágio e Ready-Made na Publicidade*.

lo *briefing* – conjunto de informações que pautam a criação –, o inesperado, o repentino, faz parte de seus passos. Ou, como enunciou o poeta Mallarmé: "um lance de dados jamais abolirá o acaso"[7].

Em *Criatividade e Processos de Criação*, Ostrower afirma que as matérias escolhidas pelo artista trazem possibilidades e impossibilidades, sendo, a um só tempo, limitadoras e orientadoras do curso criativo[8]. Em outra obra, esta autora discute longamente a ação do acaso no processo de criação artística[9]. Já Cecilia Almeida Salles, em *Gesto Inacabado*, nos lembra que

> [...] o artista não inicia nenhuma obra com uma compreensão infalível de seus propósitos. Se o projeto fosse absolutamente explícito e claro ou se houvesse uma predeterminação, não haveria espaço para desenvolvimento, crescimento e vida; a criação seria, assim, um processo puramente mecânico[10].

A qualquer momento, ao longo dessa expansão, em parte determinada pelas matérias que o criador põe em jogo, o acaso tem chances de se infiltrar.

O trabalho publicitário, podemos dizer, é regido, igualmente, pelos elementos que vão se definindo durante o processo de bricolagem, no qual o inesperado também é uma variante. Variante contínua, afeita à repetição, como a linha melódica do *jazz*. A rotina de uma equipe de criação publicitária pode ser comparada, por conta de certa improvisação, a uma *jam session*. E, assim sendo, buscamos na obra de F. Scott Fitzgerald, o "escritor da Era do *Jazz*", porta-voz dos *fabulous twenties*, uma história que nos permitiria abordar alguns aspectos da ati-

---

7. Stéphane Mallarmé, "Um Lance de Dados Jamais Abolirá o Acaso", p. 149.
8. Fayga Ostrower, *Criatividade e Processos de Criação*.
9. Fayga Ostrower, *Acasos e Criação Artística*.
10. Cecilia Almeida Salles, *Gesto Inacabado: Processo de Criação Artística*, pp. 39-40.

vidade laboral nas agências de publicidade – e, então, chegamos até "A Soneca de Gretchen".

Com esse conto de Fitzgerald, vamos proceder a uma retextualização – método que, segundo Bettetini em seu estudo sobre as interações audiovisuais, permite transpor para um determinado campo de conhecimento (o científico) textos de um outro domínio (o artístico – precisamente, aqui, a literatura)[11].

Noutras palavras, vamos "reler" o conto "A Soneca de Gretchen" com o objetivo de discutir certos aspectos do cotidiano da área de criação nas agências de propaganda – onde, de fato, o discurso publicitário é "modelado" – e como seus profissionais atuam de forma semelhante ao dos artistas. Propomos, portanto, uma abordagem de cunho ensaístico, um extrato similar ao que Paixão, estudando as margens indefinidas do poema em prosa, denomina "arte da pequena reflexão"[12].

Esta nossa leitura se apoia também nos estudos literários, em especial, nas considerações de Compagnon sobre a literatura e o senso comum. A literatura, segundo este autor, produz mundos ficcionais que, por sua vez, se não são resultantes de uma mímese da realidade (ao apresentar o que de fato acontece), introduzem nas histórias o que poderia se suceder na ordem do verossímil. Estabelece-se um contrato de leitura, pelo qual o leitor se submete a uma "suspensão voluntária da incredulidade". As relações entre o mundo real e a verdade literária estão baseadas, para o autor e seu público, na noção de possibilidade. O mundo é o que é, real; a literatura, o que é possível ser. "Os leitores são colocados dentro do mundo da ficção e, enquanto dura o jogo, consideram esse mundo verdadeiro"[13].

---

11. Gianfranco Bettetini, *La Conversación Audiovisual*.
12. Fernando Paixão, *Arte da Pequena Reflexão. Poema em Prosa Contemporâneo*.
13. Antoine Compagnon, *O Demônio da Teoria: Literatura e Senso Comum*, p. 133.

2. PORQUE O *SHOW* PUBLICITÁRIO NÃO PODE PARAR

Era noite, o outono havia terminado, as calçadas estavam cobertas de folhas e, certamente, haveria de nevar. Mas Roger Halsey, observando a paisagem lá fora, do alpendre de sua casa, entrou logo na sala de estar e acendeu a luz do *hall*, pois "não dispunha de tempo para se preocupar com o clima"[14].

Assim, se inicia "A Soneca de Gretchen", cuja menção à falta de tempo nos encaminha, sem escalas, para o dia a dia das agências de publicidade, onde há atividades *full time* e o expediente dos "criativos" costuma ser uma longa jornada noite adentro. Isso porque Roger, logo em seguida, chama Gretchen, com quem está casado há três anos e tem um filho pequeno, para informá-la sobre um fato novo em seu trabalho. Há seis meses ele deixara a Companhia Litográfica de Nova York e começara, por conta própria, a trabalhar em publicidade. Como se não bastasse a mudança, que reduzira a renda da família, Roger anuncia, esperançosamente, para a mulher, que enfrentará um período maior e intensivo de trabalho:

> [...] se você apenas acreditar em mim, o máximo possível, durante mais seis semanas, estaremos ricos. Consegui agora uma oportunidade de obter lucros do país. [...] Durante essas seis semanas não sairemos de casa, nem receberemos ninguém aqui. Vou trazer, todas as noites, trabalho aqui para casa. Correrei as cortinas e, se alguém tocar a campainha da porta, não atenderemos[15].

Três aspectos, estreitamente relacionados ao dia a dia publicitário, avultam dessa situação que abre o conto: 1) o ingresso de jovens nesse mercado profissional, atraídos pela ideia de ganhos rápidos e vultosos ("se você apenas acreditar em mim [...] duran-

---

14. Francis Scott Fitzgerald, "A Soneca de Gretchen", p. 255.
15. *Idem*, pp. 258-259.

te mais seis semanas, estaremos ricos"); 2) o prolongamento de seu expediente ("vou trazer, todas as noites, trabalho aqui para casa") e 3) o impacto dessa nova rotina na esfera afetiva, daí porque Roger se põe a prevenir a mulher ("não sairemos de casa", "não receberemos ninguém aqui").

Vejamos cada um desses pontos, começando por essa mística, anunciada e reforçada pelos próprios publicitários – talvez como forma de atrair talentos das novas gerações para a sua arena –, de que os publicitários ganham altos salários, mesmo que sejam meros funcionários de agências, e os empresários desse setor, não importa seu porte, mais dia menos dia se locupletam, até se tornarem milionários.

Rocha, em sua etnografia com um grupo de publicitários, nos mostra que essa não é senão uma "imagem" de si que eles mesmos constroem, discursivamente, para divulgar à sociedade[16]. Contribuem para reforçar essa "crença", como já apontamos[17], os relatos autobiográficos de grandes nomes da publicidade nacional e internacional, como o clássico *Confissões de um Publicitário*, de David Ogilvy, e *Algumas Coisas que Aprendi em Propaganda Investindo 1 Bilhão de Dólares de Grandes Empresas*, do brasileiro Julio Ribeiro, entre outros.

O eco dessa percepção distorcida continua a reverberar: criteriosa pesquisa feita com estudantes de publicidade e propaganda de diversas universidades brasileiras aponta que os aspirantes à profissão identificam o publicitário com determinado estilo de vida que demarca suas diferenças em relação a outros, ou, em outras palavras, um estilo de vida que lhes dá distinção[18]. Ainda na visão desses estudantes, o ofício publicitário está associado ao

---

16. Everardo Rocha, *Magia e Capitalismo. Um Estudo Antropológico da Publicidade*.
17. João Anzanello Carrascoza, "E o Vento Mudou... As Transformações do Trabalho Publicitário".
18. Vander Casaqui; Manolita Correia Lima & Viviane Riegel (orgs.), *Trabalho em Publicidade e Propaganda. História, Formação Profissional, Comunicação e Imaginário*.

sucesso profissional e aos prêmios concedidos pelos agentes do mercado. Mas, para ingressar na profissão e galgar a glória, eles estão predispostos a enfrentar longas horas de trabalho – com retornos financeiros baixos, pelo menos inicialmente.

Esse é outro traço representativo da atividade do publicitário – o início penoso como precondição para que ele alcance, invariavelmente, no futuro, os altos salários "garantidos" pelo campo. O subtítulo de *Cartas a um Jovem Publicitário*, obra de um importante *advertising man* brasileiro, Roberto Duailibi, sintetiza a presença desse binômio: *Nem Tudo É Festa. Como Vencer na Vida Fazendo Muita Força!* É preciso muita força para atuar em publicidade, pois nem tudo é festa, mas, por outro lado, não há como não vencer – é uma carreira, por si só, de sucesso.

A pesquisa de Roseli Paulino sobre o perfil socioeconômico dos profissionais de uma grande agência de publicidade nacional demonstra, pelo nível e faixas de salário apurados, que os altos valores são mais uma "lenda" do que uma realidade cotidiana. E que nem sempre os ganhos maiores estão associados a um tempo maior de trabalho na empresa[19].

O segundo aspecto em questão, que o conto de Fitzgerald nos permite abordar, é não apenas a longa, mas também elástica, jornada de trabalho dos publicitários. Não é incomum que esses, como Roger Halsey, levem trabalho para terminar em casa, ou, o que é mais opressivo, permaneçam na empresa até altas horas da noite, quando não atravessam madrugadas elaborando e/ou finalizando campanhas.

Esse antigo "costume" de "obrigar" o funcionário – com a conivência dele – a permanecer na agência até que os *jobs* tenham sido plenamente realizados agravou-se nos últimos tempos com a aceleração do ritmo laboral pelos novos artefatos tecnológicos:

---

19. Roseli Aparecida Fígaro Paulino, "Perfil Sociocultural dos Comunicadores: Conhecendo Quem Produz a Informação Publicitária", pp. 85-86.

As tecnologias suprimiram os intervalos, o *deadline* aumentou ao ocupar os intervalos que propiciavam ao profissional respirar, distanciar-se; estabelecer rotinas mais compassadas. Esse ganho de tempo já foi consumido e perdido pelo acréscimo e volume gigantesco de trabalho que se assumiu a partir de então[20].

Duailibi afirma que "nada faz as agências perderem tantos seus clientes quanto o não cumprimento de prazos"[21]. E, obviamente, a pressão recai sobre os funcionários que, se no passado gozavam de alguma pausa para catalisar seu processo criativo, agora enfrentam a naturalização não apenas das horas extras, mas também do tempo reduzido para maturar suas ideias. Como, então, proceder à "materialização do sensível" diante dessa progressiva escassez temporal? Salles argumenta que

[...] limites internos ou externos à obra oferecem resistência à liberdade do artista. No entanto, essas limitações revelam-se, muitas vezes, como propulsoras da criação. O artista é incitado a vencer os limites estabelecidos por ele mesmo ou por fatores externos, como data de entrega, orçamento ou delimitação de espaço[22].

A utilização crescente de *ready-mades* em peças publicitárias – de textos ou imagens já prontos, deslocados para a moldura da publicidade –, como investigamos[23], pode ser uma das consequências do estreitamento do "ócio criativo". É outra solução advinda do improviso e, com essa nova "lei", a *jam session* também muda de ritmo – afinal, o *show* da publicidade não pode parar.

20. *Idem*, p. 105.
21. Roberto Duailibi, *Cartas a um Jovem Publicitário. Nem Tudo É Festa. Como Vencer na Vida Fazendo Muita Força!*, p. 100.
22. Cecilia Almeida Salles, *Gesto Inacabado: Processo de Criação Artística*, p. 64.
23. João Anzanello Carrascoza, *Do Caos à Criação Publicitária. Processo Criativo, Plágio e Ready-Made na Publicidade*.

Assim, com menos tempo para encontrar soluções, os profissionais de criação apelam para o emprego de enunciados verbais e/ou visuais já conhecidos, que exigem uma adaptação, ainda que criativa, mas não toda uma criação a partir de elementos difusos, como costuma ser o início, o disparo protoplasmástico, do processo. O anúncio da Apple (Fig. 5), elaborado com *ready--made*, exemplifica com precisão esse estratagema, que se tornou um método criativo intensamente utilizado pelos publicitários.

Figura 5: Anúncio Apple.

O mesmo podemos dizer dos anúncios da 3M (Fig. 6) e do Delas, canal feminino do IG (Fig. 7), que se valem da célebre foto de Che Guevara.

Figura 6: Anúncio da 3M.

Figura 7: Anúncio *Delas* – IG.

Contudo, o *ready-made*, não obstante seja uma alternativa expressiva para algumas peças de publicidade, não o é para todas. E o desafio de encontrar saídas criativas em tempo exíguo, somado a outros, resulta, para os profissionais, na submissão a um clima diário – nunca aliviado – de tensão.

Nesse contexto, de ininterrupta tensão, o estresse também é contínuo. Como diagnostica Paulino em sua pesquisa, as relações de trabalho contemporâneas na publicidade se tornaram mais competitivas – ampliando a concorrência entre os profissionais e acentuando a falta de camaradagem[24]. Fator que gera comportamentos nem sempre éticos, já relatados por Della Femina[25], e que deságua no terceiro aspecto que o conto de Fitzgerald, aqui retextualizado, nos leva a discutir: o esgarçamento geral dos afetos, especialmente no núcleo familiar.

Ainda que a erosão dos laços humanos duradouros e a ascensão das relações efêmeras em virtude da líquida racionalidade moderna, como argumenta Bauman em *Amor Líquido*, não sejam prerrogativa dos vínculos próprios ao mundo publicitário, elas se manifestam de forma vigorosa nas tribos de *white collars*, executivos de comunicação e *adverstising men*.

Se falta tempo para o publicitário criar, em virtude da volumosa carga de trabalho, dos prazos apertados e das pausas que rarearam, além do prolongamento da jornada, como manter engajamentos afetivos permanentes? Bauman alerta que a razão líquida "nega direito aos vínculos e liames, espaciais ou temporais", sem contar que os relacionamentos de longa data são vistos como opressão ou dependência incapacitante. Para o sociólogo, metaforizando as uniões transitórias e as de laços fortes, o que prevalece é a primazia dos "mantos leves" e a condenação das "caixas de aço"[26].

---

24. Roseli Aparecida Fígaro Paulino, "Perfil Sociocultural dos Comunicadores: Conhecendo Quem Produz a Informação Publicitária", p. 109.
25. Jerry Della Femina, *Mad Men. Comunicados do Front Publicitário*.
26. Zygmunt Bauman, *Amor Líquido. Sobre a Fragilidade dos Laços Humanos*, p. 65.

Podemos notar com clareza o início desse conflito afetivo, que advém da esmagadora rotina laboral, em "A Soneca de Gretchen", logo depois do publicitário se entregar ao novo ritmo de trabalho:

Das oito da manhã até às cinco e meia da tarde, ficava em seu escritório. Depois, meia hora no trem suburbano, onde garatujava anotações no verso de envelopes sob a luz fosca e amarelada. Às sete e trinta, seus creions, tesouras e folhas de cartolina branca eram estendidos sobre a mesa do living, e lá ficava a trabalhar, em meio de muitos resmungos e suspiros, até meia-noite, enquanto Gretchen permanecia deitada no sofá com um livro. [...] À meia-noite, havia sempre uma discussão sobre se ele iria ou não para a cama[27].

Em verdade, na mesma noite em que Roger anuncia à mulher que vai trazer trabalho para casa nas próximas quarenta noites – "Tire quarenta sonecas e, quando despertar, tudo estará ótimo", ele lhe diz –, o casal já tem uma primeira discussão, pois foram convidados a jantar por um amigo do marido, George Tompkins, e divergem se devem ou não aceitar. Por fim, Roger e Gretchen acabam decidindo ir à casa de George, que, veremos, tentará dinamitar a "caixa de aço" que estava, até então, sobre o casamento dos Halseys.

No encontro do casal com o amigo, ficam evidentes as diferenças em relação ao estilo de vida dos dois homens: George faz exercícios físicos pela manhã (mantém em sua própria casa uma espécie de academia), cumpre uma jornada de trabalho apenas até as quatro horas, após as quais, invariavelmente, pratica algum esporte, condizente com a estação do ano, para relaxar, e, depois, sempre tem um programa ("faço alguma coisa, todas as noites, para ver-me livre de mim"). Já Roger não tem tempo para cuidar de sua forma física, acorda cedo e segue direto para o escritório, onde, ultimamente, vem trabalhando até aos domingos.

27. Francis Scott Fitzgerald, "A Soneca de Gretchen", p. 263.

Quando George descreve sua rotina, Roger, cansado, boceja, e Gretchen o repreende, contando ao anfitrião que, nas próximas semanas, o marido ainda continuará o trabalho noite adentro. George alerta o amigo de que aquele tempo é suficiente para colocá-lo a caminho do sanatório e, com um sorriso para Gretchen, diz, a fim de agradá-la: "A mim me parece que é sobre a esposa, mais do que sobre o marido, que recai todo o peso desses períodos malucos de excesso de trabalho"[28].

A noite, contudo, termina numa atmosfera de "harmonia" para o casal Halsey: Roger se irritou de fato com o amigo, Gretchen ficou ao seu lado, mas não deixou de pensar no convite que George Tompkins lhe fizera no fim do jantar – passear com ele a cavalo no domingo próximo.

Nas semanas seguintes, conforme anunciara, Roger se lançou àquela nova rotina. Todas as noites, ao subir a escada de casa na ponta dos pés para dormir, encontrava Gretchen já em sono profundo. O Natal chegara e se fora, ele nem percebera o tempo passar, estava enfiado até os ossos no trabalho – pelos seus cálculos, se metade de suas ideias vingasse, garantiria grandes lucros ao longo do ano novo. Mantinha-se tão concentrado em seu desafio que, para ele, "o mundo se convertera num sonho caótico", mas, ainda assim, não ignorava que

George Tompkins levara Gretchen a passear a cavalo, e que outra ocasião ela saíra com ele de automóvel e passara a tarde a esquiar na colina do clube de campo. Um retrato de Tompkins, numa moldura cara, apareceu, uma manhã, na parede de seu quarto de dormir. E, certa noite, ele, escandalizado, se entregou a sobressaltado protesto, quando Gretchen saiu para ir ao teatro em companhia de Tompkins[29].

28. *Idem*, p. 261.
29. *Idem*, pp. 263-264.

Com seu tempo monopolizado pelo trabalho, a convivência afetiva de Roger com a mulher se reduz, acelerando o processo de derretimento da "caixa de aço" do casamento dos Halseys, cujo fogo abrasivo George acendeu e alimenta ao "cortejar" a esposa "abandonada" do amigo.

Como se não bastasse, embora Roger já estivesse terminando os *jobs*, sua saúde pede cuidados e ele é obrigado a renunciar ao café, que está lhe causando palpitações; e um desentendimento com Gretchen, iniciado por um comentário dela sobre as contas de dezembro que não tinham como pagar, aprofunda-se quando ela anuncia que convidara George Tompkins para visitá-los aquela noite.

Impedido de "fazer sala" para o amigo, Roger, contrariado, o deixa na companhia de Gretchen e sobe as escadas para trabalhar no quarto. Mas aquela situação o perturba e, depois de uma hora, ele percebe que não produziu nada e retorna à sala, onde encontra a mulher e o amigo conversando sobre a "sua" saúde.

Uma discussão se origina, então, entre ele e George, quando esse busca "desqualificar" o fazer publicitário – assunto que vamos tratar a seguir, já que as tendências de um projeto vão se definindo ao longo do percurso[30], assim como as notas numa *jam session* –, e o conflito se intensifica a ponto de Roger expulsar o amigo dali e continuar a "guerra" com Gretchen, que toma o partido do outro. Ela protesta, com os olhos cheios de lágrimas de ódio: "o único amigo que tenho, a única pessoa no mundo que gosta de mim o bastante para me tratar decentemente, é insultado pelo meu próprio marido, em minha própria casa"[31].

---

30. Cecilia Almeida Salles, *Gesto Inacabado: Processo de Criação Artística*, p. 40.
31. Francis Scott Fitzgerald, "A Soneca de Gretchen", p. 268.

3. PUBLICITÁRIOS: ARTISTAS DA RAZÃO OU *MAD MEN*?

Antes disso, na noite em que convidara os amigos para jantar em sua casa, George, que é um decorador de interiores de sucesso, já fizera uma crítica ao tipo de trabalho de Roger, precisamente ao seu longo expediente: "você vai acabar por se matar de tanto trabalhar. Por que não estabelece um pouco de equilíbrio em sua vida [...] um pouco de trabalho, um pouco de distração"[32].

Mas, dessa vez, na casa dos Halseys, seu ataque vai direto à essência da atividade publicitária, que consome o tempo (e a vida) dos criativos, como Roger, e ainda resulta numa obra desprezível. George diz que Roger pensa de forma egoísta, esquecendo-se de dar atenção à mulher:

> Se você estivesse trabalhando em algum soneto maravilhoso... ou no retrato de alguma Madona ou coisa que o valha – ajuntou, fitando os cabelos à Ticiano de Gretchen –, então, claro, eu lhe diria que prosseguisse. Mas não está. Trata-se apenas de um anúncio tolo para aumentar as vendas do tônico de cabelo Nobald, e se todos os tônicos capilares fossem amanhã lançados no oceano, o mundo não perderia coisa alguma com isso[33].

Roger se enfurece com o amigo, já que, de certa forma, George Tompkins atira em seu colo uma questão clássica, nodal, que rege o universo publicitário: a publicidade é ou não arte?

Obviamente, a polêmica divide opiniões há décadas, e não será aqui que vamos resolvê-la, nem é o nosso intuito. Mas convém mencionar três aspectos norteadores dessa discussão: 1) a sua eclosão, em virtude da arte ter sido (e continuar sendo) uma matriz da linguagem publicitária, mantendo com ela "relações promíscuas" – como se expressou Chillón acerca da literatura e do jornalismo[34]; 2) os procedimentos artísticos presentes no fazer publicitário

---

32. *Idem*, p. 259.
33. *Idem*, p. 266.
34. Albert Chillón, *Literatura y Periodismo. Una Tradición de Relaciones Promiscuas.*

SCOTT FITZGERALD E O TRABALHO PUBLICITÁRIO   101

e que nutrem o antagonismo de posições; e 3) o *status* do "produto" resultante de seu processo, que, para uns, como Piratininga[35], seria uma manifestação artística do século xx e, para outros, como George Tompkins e Toscani[36], apenas algo tolo.

A valorização ou o desprezo para com o trabalho publicitário e seu fruto enseja, no fundo, uma representação também dual do *homo* que o executa: ou ele é um "artista" da razão, quer dizer, um criador consciente de que o seu talento deve lhe garantir a sobrevivência, não obstante esteja a serviço de causas corporativas; ou ele é um *mad man*, que, apesar das muitas instâncias a que a sua criação está submissa[37], garante o seu salário, enquanto se dedica à "coisa mais divertida que alguém pode fazer vestido", como afirma Olivetto[38].

Essa insinuação de que o trabalho publicitário é fonte de prazer, e não só em si, mas também na diversão sexual que propicia, nos remete à série de tv americana *Mad Men*, inspirada na obra de Della Femina. Em suas sucessivas temporadas, os personagens principais, publicitários de uma agência de propaganda de Nova York nos anos 1960, vivem num estado de relações promíscuas, prefigurando, naqueles tempos de "revolução sexual", o "amor líquido". E essa liquidez amorosa não se restringe aos chefes, como o diretor de criação, Don Draper, ou um dos donos da agência (e homem de atendimento) Roger Sterling, mas se dissemina, como rizoma, pelos demais escalões.

Se o protagonista, Don Draper, é o exemplo notável desse comportamento, sua mulher, abandonada em casa, não por acaso começa a pensar em traí-lo nas aulas de equitação que faz para ocupar seu tempo e sua solidão – assim como Gretchen, ao atender o convite de George para passear a cavalo.

---

35. Luiz Celso de Piratininga, *Publicidade: Arte ou Artifício?*
36. Oliviero Toscani, *A Publicidade É um Cadáver que nos Sorri.*
37. Fabio Hansen, *(In)verdades sobre os Profissionais de Criação: Poder, Desejo, Imaginação e Autoria.*
38. Washington Olivetto, "Com Alguma Razão e Certa Sensibilidade", p. 10.

Assim, o escasso diálogo entre o casal Halsey prova que "o fracasso no relacionamento é muito frequentemente um fracasso na comunicação"[39]. E isso se sucede, de forma irônica, na esfera de trabalho daqueles que atuam como comunicadores sociais. Curiosamente, a esposa de Don Draper – que, aos poucos, se revela um alcoólatra –, também fica em casa, solitária, bebendo até altas horas, à sua espera, desenvolvendo estranhos comportamentos, como Zelda, mulher de Fitzgerald.

Mas, no cerne da percepção de George sobre o labor publicitário de Roger, está, indiscutivelmente, o dilema angustiante dos criativos: se de um lado se conformam com a imagem periférica de seu trabalho na sociedade – daí porque, em seu próprio campo, vivem a se exibir –, por outro, não raro buscam produzir uma obra autoral, dedicando-se, em paralelo, à literatura, às artes plásticas, ao cinema, atividades para as quais, é óbvio, lhes falta tempo para tirá-las do papel, como no caso de Roger.

Della Femina aborda, sem "mantos leves", esse problema de reconhecimento que aflige os criativos, focalizando nos redatores, mas a observação vale também para os diretores de arte:

> Há um monte de redatores que fica achando que é o Faulkner ou o Hemingway. [...] As pessoas não compram a *Gourmet* para ler o anúncio sobre o Bombay Gin. As pessoas compram a *Gourmet* por causa das receitas culinárias, os anúncios são apenas um sequestro do tempo do leitor. [...] Ninguém compra uma revista para ler um anúncio. Mas um monte de caras age como se fosse isso o que acontecesse[40].

A falta do reconhecimento artístico de suas criações, ou de certo reconhecimento restrito às medidas e referenciais pragmáticos do campo, é talvez a raiz do famigerado exibicionismo dos

---

39. Zygmunt Bauman, *Amor Líquido. Sobre a Fragilidade dos Laços Humanos*, p. 31.
40. Jerry Della Femina, *Mad Men. Comunicados do Front Publicitário*, p. 135.

publicitários: se estão, deslegitimados, à sombra da "alta" cultura, precisam febrilmente, em seu palco, dos mais potentes holofotes.

Na citação acima, de Della Femina, insinuam-se dois outros problemas associados a esse tipo de trabalho: 1) a publicidade opera por meio de uma lógica da interrupção ("As pessoas não compram a *Gourmet* para ler o anúncio sobre o Bombay Gin") e 2) também por meio de uma lógica (disfarçada) de invasão ("os anúncios são apenas um sequestro do tempo do leitor").

O desprezo de George à atividade profissional de Roger – um anúncio do tônico de cabelo Nobald, ou do Bombay Gin, não é nada do ponto de vista artístico – intensifica o conflito entre a visão de mundo do publicitário e do não publicitário. E, como mencionamos, Roger acaba por expulsar o amigo de casa. Gretchen, em reação vingativa diz "vou passear a cavalo, amanhã, em companhia de George Tompkins" e ameaça o marido: "gostaria de apanhar todo o trabalho que você fez, rasgá-lo em pedaços e atirá-lo ao fogo"[41].

Aquela noite, no entanto, Roger continua trabalhando até alta madrugada – tem obrigatoriamente de cumprir prazo. E, numa tentativa derradeira de manter ainda inviolável a "caixa de aço" de seu relacionamento conjugal, no dia seguinte, antes de ir ao escritório, coloca um sonífero na xícara de café de Gretchen, corta o fio do telefone da casa e leva numa bolsa todos os sapatos da mulher, para impedi-la de se encontrar com George Tompkins.

Em seu escritório, Roger tem o aluguel atrasado cobrado pelo senhorio. O publicitário atravessa o dia "criando" e adormece lá mesmo, num sofá ao lado da mesa. Aguarda, ansiosamente, na manhã seguinte, por uma ligação de Garrod, um dos clientes de que esperava grandes lucros. E, quando Garrod de fato telefona, aprovando o material – e dizendo "é maravilhoso o trabalho que nos enviou. Queremos tudo o que nos mandou e muito mais, à

---

41. Francis Scott Fitzgerald, "A Soneca de Gretchen", pp. 268-269.

medida que o seu escritório os puder ir produzindo"[42] –, Roger quase sofre um ataque cardíaco, tal a intensidade de sua catarse.

A boa notícia é um prêmio pela sua entrega ao trabalho, mas um prêmio que, se resulta em dinheiro, resulta também em mais trabalho, mais noites em claro, perpetuando uma corrente inquebrável de "exploração" que conta com a concordância não só do "senhor", mas também do próprio "escravo". Acordes que se repetem, com alguma variação, como numa *jam session*.

4. NOTAS FINAIS

Ao chegar em casa, para contar a novidade, Roger encontra Gretchen, que acabara de despertar, ainda arrependida da discussão que travara com o marido. Embora feliz com o contrato de quarenta mil dólares que Roger fechou com Garrod, com os vestidos novos que ela poderá comprar, Gretchen se sente confusa, pois dormiu duas noites seguidas – sob efeito da droga que bebeu misturada ao café –, não encontra seus sapatos, está pálida e amedrontada com seu estado.

Arrependido, Roger sabe que é o causador do problema e resolve chamar um médico. Então, o desenlace da história se concretiza de forma "disfórica". O médico recomenda somente repouso a Gretchen. "Se ela ficar em casa durante alguns dias e tirar umas boas sonecas, ficará logo em forma"[43], prescreve o doutor, sem imaginar que, nos últimos quarenta dias, ela não fez mais do que tirar sonecas, enquanto Roger trabalhava dia a dia quase sem dormir.

Aliás, por meio desse médico, o casal saberá que George Tompkins, com quem Gretchen iria sair para passear, teve uma crise nervosa, apesar de seu "estilo de vida" oposto ao de Roger.

Atingimos, assim, o final de nossa retextualização, ressaltando que os personagens deste conto de Fitzgerald, por ana-

---

42. *Idem*, p. 274.
43. *Idem*, p. 277.

logia ao universo real[44], representam forças atuantes, e resistentes, na esfera do trabalho publicitário. Sua presença nos permitiu – e nos permite – pensar no expediente intenso dos profissionais de Criação, cercados na atualidade por muita tecnologia e, não obstante, como revela a pesquisa de Paulino[45], cientes de que seu trabalho está essencialmente vinculado às relações interpessoais.

Neste contexto, e seguindo as conclusões de Paulino, notamos que as mudanças no mundo do trabalho publicitário resultaram estruturalmente em poucas variações, uma vez que nele prevalece a forte concorrência entre os colegas (como a de Roger e George, ainda que de outro gênero), as jornadas de trabalho extensas (iguais às de Roger) e o ritmo acelerado (como o de George), que colaboram inegavelmente para a tensão e o estresse dos profissionais dessa área.

Nas palavras de Paulino, falta aos "criativos" sobretudo "abertura para o acesso a produções culturais que permitam vislumbrar outros pontos de vista. Visões de mundo diferenciadas"[46]. Visões que, para nós, enquanto Gretchen dorme, são negadas aos publicitários pela realidade diária de seu trabalho.

---

44. Antoine Compagnon, *O Demônio da Teoria. Literatura e Senso Comum.*
45. Roseli Aparecida Fígaro Paulino, "Perfil Sociocultural dos Comunicadores: Conhecendo Quem Produz a Informação Publicitária", p. 88.
46. *Idem*, p. 109.

VI. O Consumo e o Discurso Publicitário no Conto "O Pôster" de Luis Fernando Verissimo[1]

1. CONSUMO, LOGO ME COMUNICO

Nas últimas décadas, o consumo se tornou um objeto de estudo significativo em diversos campos do conhecimento, como a antropologia, a sociologia, a economia e a comunicação social, entre outros. A relevância da mídia no mundo contemporâneo ampliou e intensificou, além de tornar mais complexo, os fluxos comunicacionais que difundem numerosos tipos de discursos do consumo.

Tais discursos se materializam, mais explicitamente, por meio de mensagens publicitárias que estimulam a aquisição de bens materiais e simbólicos, ou de forma mais indireta, por meio de músicas, livros, filmes de longa-metragem, telenovelas, *talk shows*, seriados de tevê, enfim, uma enorme rede discursiva cujos fios ideológicos expressam as mais distintas práticas de consumo em nossa sociedade.

---

1. Publicado originalmente com o título "Verissimo, Che Guevara e o Discurso do Consumo", *Lumina*, vol. 11, n. 3, pp. 40-54, set.-dez. 2017.

García Canclini compreende que o indivíduo ascende à cidadania mais pelo "consumo privado de bens e dos meios de comunicação do que pelas regras abstratas da democracia ou pela participação coletiva em espaços públicos"[2]. O consumo é, pois, pessoal, material e midiático – lugar onde o simbólico se espraia de forma mais massiva.

Por meio daquilo que consumimos, estamos nos comunicando, produzindo efeitos de sentido sobre nós mesmos e sobre os outros – porque os outros são aqueles que também (ou, principalmente) nos leem.

Assim, se o simples ato de consumirmos algo materializa, como um texto, um discurso que enunciamos, para capturar o seu sentido é preciso, como afirma Brandão, compreender "o contexto sócio-histórico-ideológico que envolve os interlocutores, o lugar de onde falam, a imagem que fazem de si, do outro e do objeto de que estão tratando"[3].

Martín-Barbero propõe uma relação seminal entre a leitura e o consumo:

Se entendermos por leitura "a atividade por meio da qual os significados são organizados num sentido", resulta que na leitura – como no consumo – não existe apenas reprodução, mas também produção, uma produção que questiona a centralidade atribuída ao texto-rei e à mensagem entendida como lugar da verdade que circularia na comunicação[4].

É por isso que o consumo se apresenta como um "lugar de valor cognitivo, útil para pensar e atuar de forma significativa e renovadoramente, na vida social", conforme aponta García Canclini[5].

---

2. Néstor García Canclini, *Consumidores e Cidadãos: Conflitos Multiculturais da Globalização*, p. 29.
3. Helena Nagamine Brandão, "Enunciação e Construção", pp. 22-23.
4. Jesús Martín-Barbero, *Dos Meios às Mediações. Comunicação, Cultura e Hegemonia*, p. 293.
5. Néstor García Canclini, *Consumidores e Cidadãos: Conflitos Multiculturais da Globalização*, p. 72.

Se consumindo estamos nos manifestando discursivamente, então podemos, pelo nosso consumo, contrapor, provocar, protestar, entrar em junção ou disjunção com os outros.

A frase de Che Guevara "hay que endurecerse, pero sin perder la ternura jamás", encimada por sua foto histórica, tornou-se guia de conduta de militantes de esquerda mundo afora. Mas, uma vez dissociada de seu contexto original, estampada na camiseta vestida por um jovem burguês que se dirige ao um show de *rock*, o que está nos dizendo? Ou mais precisamente: o que nos diz esse jovem consumindo tal "simbologia" que ele leva no peito? E o que consumimos nós ao ver tal "enunciado" no corpo desse jovem – enunciado que, em seu corpo, ganha outros efeitos de sentido?

A propósito, Adilson Citelli, comentando uma campanha da palha de aço BomBril, cujo slogan dizia "hay que endurecer con la gordura, pero sin perder la ternura con las manos jamás!", mencionava essa "apropriação indébita do capital revolucionário alheio, mas de larga eficiência mercadológica e vastíssimo sucesso entre as várias classes sociais"[6]. E, depois de pensar no caminho "tortuoso" pelo qual a imagem do Che, partindo inicialmente da Sierra Maestra, foi desembocar, como adorno, "em camisetas vendidas em butiques de luxo e biquínis desfilados por estrelada modelo na badalada São Paulo Fashion Week"[7], Citelli se perguntava onde teria ido parar o ethos, o caráter, a singularidade do "charmoso" combatente, uma vez empreendida essa apropriação de sua imagem pela publicidade[8].

Pois é por meio desse exemplo, a célebre imagem de Che Guevara, que pretendemos empreender uma reflexão sobre o deslizamento dos sentidos – sempre em movimento no espaço social –, a criação publicitária e seu discurso do consumo,

6. Adilson Citelli, "O Texto Astuto da Publicidade", p. 8.
7. *Idem, ibidem.*
8. *Idem*, pp. 8-9.

a partir do conto "O Pôster", de Luis Fernando Verissimo, que traz como elemento nuclear de sua trama justamente a foto do guerrilheiro estampada na sala de estar de um apartamento de classe média.

Assim, procedemos a uma retextualização, conforme Bettetini – deslocando um texto do domínio literário para o domínio científico, e extraindo de seu enredo pontos de conexão com a discussão que propomos[9] –, de caráter ensaístico, por evocar, como definiu Adorno em "O Ensaio como Forma", uma certa "liberdade de espírito".

2. VERISSIMO: UM ESCRITOR VINDO DA PUBLICIDADE

Luis Fernando Verissimo é reconhecidamente um "criador" de tipos marcantes da literatura brasileira contemporânea. O analista de Bagé, a velhinha de Taubaté, Ed Mort e Dora Avante são alguns de seus personagens de maior sucesso, explorados largamente em suas inumeráveis crônicas.

Autor de uma produção volumosa, que soma dezenas de livros de histórias curtas (crônicas e contos) e longas (romances e relatos de viagens), além de cartuns e quadrinhos, Verissimo escreve predominantemente textos de humor, em especial sátiras de costumes do homem brasileiro, que são, como tão bem definidas pelo título de uma de suas obras, "comédias da vida privada". O universo da classe média nacional é, por consequência, tematizado, se não obsessivamente, com frequência em muitas de suas obras, como nas *Aventuras da Família Brasil*.

Entre várias atividades que exerceu profissionalmente, Verissimo foi publicitário – alguns de seus textos, como é o caso de "O Pôster", revelam, ainda que de modo implícito, seu sólido conhecimento sobre as estratégias retóricas utilizadas em discursos per-

---

9. Gianfranco Bettetini, *La Conversación Audiovisual*.

suasivos, ou fechados, como os nomeou Umberto Eco em *Obra Aberta* – aqueles cujo significante está limitado a um significado –, embora nem todos propriamente tratem da publicidade.

Mas há muitos textos, como "O Desafio", nos quais Verissimo aborda de forma direta – e divertida – particularidades profissionais do universo da propaganda. Nesta crônica, um publicitário morre e, "como era da área de atendimento e mau para o pessoal da criação", vai para o Inferno[10]. O autor apresenta, já na primeira linha, o conflito histórico que há entre essas duas áreas das agências de propaganda (atendimento e criação). Pois bem: o Diabo, ao saber da chegada do publicitário, resolve lhe fazer uma proposta. Se ele melhorasse a imagem do inferno, ganharia em contrapartida regalias atraentes, como ar-condicionado:

> O publicitário topou. Era um desafio. E as regalias eram atraentes. Quis saber algumas coisas que diziam do Inferno e que mais irritavam o Diabo.
>
> – Bem. Dizem que aqui todos os cozinheiros são ingleses, todos os garçons são italianos, todos os motoristas de taxi são franceses e todos os humoristas são alemães.
>
> – E é verdade?
>
> – É.
>
> – Hmmm – disse o publicitário. – Uma das técnicas que podemos usar é a de transformar desvantagem em vantagem. Pegar a coisa pelo outro lado[11].

Essa técnica, de transformar a desvantagem em vantagem, é, lato sensu, a essência da atividade publicitária, uma vez que todo produto ou serviço apresenta vantagens, realçadas pela publicidade, e desvantagens, quase sempre omitidas por ela. No stricto sensu, podemos associá-la a vários recursos suasórios

---

10. Luis Fernando Verissimo, "O Desafio".
11. *Idem*, pp. 93-94.

utilizados pelo discurso publicitário, como os lugares de qualidade e a valorização do inferior[12]. Exemplo do primeiro recurso – lugar de qualidade – é a campanha da pequena rede de postos de gasolina São Paulo que, não podendo se comparar com redes formadas por centenas de unidades como a Shell, apresenta-se como "a maior rede em simpatia". Já a célebre campanha da locadora de automóveis Avis, que a posicionava como a segunda do mercado, nos Estados Unidos na década de 1960, e a do SBT – Sistema Brasileiro de Televisão, dos anos 1980, cujo slogan era "liderança absoluta do segundo lugar", são exemplos clássicos da valorização do inferior. Caso de sucesso mais recente, que se vale desse recurso, é a campanha "Pode ser Pepsi?", na qual se insinua que o consumidor pede primeiramente o principal concorrente desse refrigerante, Coca-Cola, mas o vendedor diz que não tem e oferece Pepsi, que é aceita com satisfação.

Nessa crônica de Verissimo, o publicitário, por meio da técnica de tornar a desvantagem vantagem, neutraliza as características negativas associadas aos ingleses, italianos, franceses e alemães e, assim, convence o Diabo que deseja imediatamente começar a campanha para mudar a imagem do Inferno.

Mas, antes, o publicitário quer saber o valor da "verba". O Diabo, então, manda chamar o gerente financeiro do Inferno e afirma que a economia lá é dirigida por brasileiros. A afirmação, curiosamente, faz o publicitário desistir de enfrentar o desafio e obter as tais regalias: "me devolve pra grelha", ele diz, finalizando a história – o que revela, ironicamente, que não há como mudar a imagem de certos "produtos", sinalizando o "poder" relativo do discurso publicitário.

O escritor nos mostra, com esse exemplo ficcional, seu modo de ver a cultura contemporânea, além das virtudes e das limitações da publicidade.

12. João Anzanello Carrascoza, *Razão e Sensibilidade no Texto Publicitário.*

Vejamos, então, como, a partir do conto "O Pôster", podemos investigar que os dizeres não são propriedade particular, mas significam pela história e pela língua, conforme a situação discursiva.

3. A MEMÓRIA DISCURSIVA E OS DIZERES PUBLICITÁRIOS

"O Pôster" abre o livro *Os Últimos Quartetos de Beethoven e Outros Contos*. Seu enredo se restringe à noite do jantar que será dado por um casal, João e Maria, na faixa dos trinta anos, em seu "pequeno mas bem decorado apartamento", ao novo chefe do marido, André. Este vai promover, entre alguns candidatos, aquele que ocupará a vaga de Valtinho, um funcionário que morreu. Para fazer a sua escolha, ele mesmo se convidou para jantar na casa de cada um, começando por João, que pede todo o empenho de Maria na cozinha para persuadir o chefe de que ele é quem merece a vaga: "Nossa renda pode duplicar. Vamos poder trocar de apartamento. Viajar para a Europa nas férias"[13].

Enquanto bota ordem no apartamento um pouco antes de receber André, João se põe diante do pôster emoldurado de Che Guevara na parede da sala. Hesitante, pergunta a Maria qual a opinião dela a respeito:

– O Che? O que que tem o pôster?

– Ele fica aí ou a gente esconde?

– Esconder por quê?

– Porque o André pode não entender. Pode ter uma impressão errada.

– Que impressão errada ele pode ter? Que nós somos um casal de revolucionários?[14]

---

13. Luis Fernando Verissimo, "O Pôster", p. 14.
14. *Idem*, p. 12.

Nesse diálogo, notamos claramente a preocupação de João em relação à imagem do Che, pois todo consumo enseja pertencimento[15], que, no caso dele, não parece ser positivo para ser comunicado ao visitante, e que Maria não se intimida em verbalizar: "que nós somos um casal de revolucionários?".

O receio de João, implícito, associa-se ao fato de que o "comandante Che" lutou contra as fundações do mundo capitalista – mundo que rege as empresas e as relações de trabalho que envolvem chefe e subordinados (interessados em ascender profissional e financeiramente).

Para João, seria perigoso revelar, por meio desse seu consumo do signo do Che, que ele é contrário ao sistema ao qual André, como chefe de seção de uma empresa, de certa forma representa. Maria está ciente desse risco, por isso argumenta, a fim de acalmar o marido:

– [...] João, lembra daquele pôster de tourada que a tia Bela trouxe pra você da Espanha? Tinha seu nome como um dos toureiros. E ninguém pensou que você tivesse participado mesmo de uma tourada. O pôster do Che é a mesma coisa. Um pôster do Che na parede não significa nada. Um dia pode ter significado, mas...[16]

Temos aí dois enunciados que nos fazem pensar nas implicações de entender o consumo como um discurso: 1) "um pôster do Che na parede não significa nada" e 2) "um dia pode ter significado, mas..."

No primeiro deles, as noções de interdiscurso – o eixo da constituição do sentido, onde estão os dizeres já ditos – e de intradiscurso – o eixo da formulação, daquilo que se está dizendo no momento, em dada condição – são fundamentais para a nos-

15. Néstor García Canclini, *Consumidores e Cidadãos: Conflitos Multiculturais da Globalização*.
16. Luis Fernando Verissimo, "O Pôster", p. 12.

sa discussão. Orlandi nos lembra que todo dizer "se encontra na confluência dos dois eixos: o da memória (constituição) e o da atualidade (formulação)"[17] – o que vale, também, para este dizer: "um pôster do Che na parede não significa nada".

Nas águas dos dizeres já ditos (interdiscurso), um pôster do Che na parede de uma sala de estar assume certos sentidos – a admiração dos donos da casa por essa figura "revolucionária", por exemplo –, mas, no encontro com o que se está dizendo no momento (o intradiscurso), essas águas em choque e movimento podem não significar mais isso, podem, como diz Maria, não significar nada, ou seja, nada que "lembre" a sua história. Maria, portanto, está contando com o "esquecimento ideológico" – pelo qual, inconscientemente, pensamos que somos a origem do que dizemos, e, que, assim, não acionamos, em nosso dizer, sentidos preexistentes.

Esse esquecimento estruturante, como afirma Orlandi, "reflete o sonho adâmico: o de estar na inicial absoluta da linguagem, ser o primeiro homem, dizendo as primeiras palavras que significariam apenas e exatamente o que queremos"[18]. E se consubstancia no segundo enunciado da mulher de João, "Um dia pode ter significado, mas..." Ou seja, o que dizemos não é só nosso, porque as palavras significam pela história e pela língua – o que foi dito em outro lugar também significa em "nosso" dizer.

Tal constatação nos leva a duas forças que se tensionam em todo discurso: a paráfrase e a polissemia, intensamente exploradas pela linguagem publicitária. A paráfrase atua pela estabilização, quando no dizer se mantém algo já dizível, a memória, portanto. A polissemia opera rompendo a significação já dada, "produzindo movimentos que afetam os sujeitos e os sentidos na sua relação com a história e a língua"[19].

---

17. Eni Puccinelli Orlandi, *Análise de Discurso. Princípios & Procedimentos*, p. 33.
18. *Idem*, p. 35.
19. *Idem*, p. 37.

Toda vez que dizemos algo – e o dizemos sempre com palavras já ditas –, movimentamos a "rede de filiação dos sentidos". Maria tenta convencer o marido a não se preocupar, investindo na força parafrásica, naquilo que está sedimentado, comparando o pôster de Che ao da tourada. Quer dizer: o nome de João no pôster de tourada e a imagem do Che no pôster na parede significam o mesmo, que não é "verdade" que João participou de uma tourada nem que o casal é fã do comandante "revolucionário".

No entanto, João sabe que o chefe pode se emaranhar na rede de filiação de sentidos, e, pelo vetor polissêmico da linguagem, o pôster do Che pode "readquirir" para ele o antigo significado, e o diz para Maria – levando o casal a continuar a discussão entre os sentidos cristalizados no discurso (paráfrase) e os novos, que irrompem (polissemia):

– Aí é que está. Um dia significou.

– E você tem vergonha do tempo em que significou?

– Não é isso. O importante é que o André vai pensar. Ele não tem como saber se o pôster não significa mais nada, e é apenas uma peça de decoração, ou ainda significa pra mim o que significou um dia. E neste caso, adeus vaga do Valtinho. – Esse seu André não pode ser tão tapado assim. Ele sabe que a cara do Che aparece até em tambor de escola de samba. Até em camiseta da Narcisa Sei Lá o Quê. Hoje não é símbolo de nada, é moda. A garotada que usa a cara do Che na roupa nem sabe quem ele foi[20].

Maria, como vemos, insiste no esquecimento ideológico, lembrando João de que o chefe "não pode ser tão tapado assim" – ele sabe que os sentidos não se originam em nós, "são determinados pela maneira como nos inscrevemos na língua e na

20. Luis Fernando Verissimo, "O Pôster", pp. 12-13.

história e é por isto que significam e não pela nossa vontade"[21]. Assim, André sabe que a cara do Che aparece em tudo quanto é lugar e "não é símbolo de nada".

João, contudo, ainda desconfia, pois não tem certeza se o outro também pensa, como a mulher, que o pôster é só uma "moda":

– É, mas ainda acho arriscado deixar o Che aí. Pra que arriscar?

– Se é por isso, é melhor esconder esses livros de cima da mesa de centro também. O seu André pode não gostar.

– Por quê?

– Os livros são do Picasso e do Francis Bacon.

– E daí?

– Um comunista e um veado. E se ele examinar os nossos CDs? Muita Mercedes Sosa. Que nós nunca mais ouvimos, mas estão aí[22].

Nesse trecho do diálogo do casal, expande-se, com novos exemplos – os livros de Picasso e Francis Bacon – a tensão entre os processos parafrásicos e polissêmicos que operam os discursos. Como o pôster do Che, que, para Maria, emoldurado na parede da sala de estar, no tambor da escola de samba ou na camiseta da garotada, não significa "nada", pelo menos não significa que eles, dono da casa, sejam fãs de Guevara (o que poderia contar negativamente na avaliação de André), também os livros de "um comunista e um veado", não os faz, igualmente, militantes comunistas e defensores da causa gay (o que, na opinião de João, comprometeria sua imagem perante o chefe).

Essa discussão do casal, que busca, em última instância, passar uma imagem positiva deles a André, a fim de que João ganhe a vaga, leva-nos a ressaltar um fator essencial às condições de produção do discurso: a antecipação.

---

21. Eni Puccinelli Orlandi, *Análise de Discurso. Princípios & Procedimentos*, p. 35.
22. Luis Fernando Verissimo, "O Pôster", p. 13.

Por esse mecanismo, o sujeito tenta fazer que seus argumentos produzam efeitos sobre o interlocutor, coloca-se no seu lugar "antes" de dizer o que tem a dizer, e o diz pensando no efeito que desejaria provocar no outro. Orlandi nos diz que essa modulação, para o sujeito do discurso, varia "desde a previsão de um interlocutor que é seu cúmplice até aquele que, no outro extremo, ele prevê como adversário absoluto"[23]. É justamente nesse ponto, na amplitude do espectro da antecipação, que João e Maria divergem.

E o embate segue, por que saber o que o chefe pensa é fundamental para João ser bem avaliado e ganhar a vaga de Valtinho. Assim, com toda certeza, a vida do casal iria melhorar – e Maria teria algo contra isso?, ele pergunta.

– Depende do que a gente sacrifica para melhorar de vida.

– E o que nós estamos sacrificando? Esconder o pôster do Che Guevara é sacrificar alguma coisa?

– De certa maneira é.

– Você mesma disse que o pôster do Che Guevara não significa mais nada.

– O pôster não significa nada. Esconder o pôster significa[24].

A ideia de ocultar o pôster – uma ação igualmente significativa – nos faz recordar que o discurso não é constituído apenas por aquilo que é dito, mas também pelos não ditos – o dizível e o silenciado são elementos fundantes da teoria da Análise de Discurso francesa.

Manter o pôster do Che na sala pode ter, certamente, um significado, que talvez André não aprecie, mas não o ter nas paredes pode ser igualmente danoso. Os não ditos no apartamento também "dizem" sobre seus moradores. Da mesma forma, para Maria, esconder o pôster, ainda que o chefe de João não soubesse, é um ato (um

---

23. Eni Puccinelli Orlandi, *Análise de Discurso. Princípios & Procedimentos*, p. 39.
24. Luis Fernando Verissimo, "O Pôster", p. 14.

118   A LÍRICA DO CONSUMO

enunciado) que significa algo para eles, casal – algo que não deviam desdizer, pois, assim, deixam (só discursivamente?) de ser quem são. O jogo entre ditos e não ditos se manifesta outras vezes no embate entre marido e mulher, especialmente, destacamos aqui, logo em seguida, quando João pede para Maria trocar o vestido e colocar "aquele com decote", ao que ela se indigna:

– Você quer que o seu André veja os meus seios?
– Não é isso, Maria. Lá vem você. Quero que você esteja bonita para recebê-lo.
– Com os seios à mostra, como uma oferenda.
– Não. Com toda a sua beleza em evidência. Ele vem aqui para me conhecer melhor, para ver como é a minha vida fora da firma. Como é o meu mundo. E você é uma parte importante desse mundo[25].

E se André se entusiasmar com os seios dela, Maria pergunta. João fica em silêncio. Como enunciador, ele sabe que as formações discursivas revelam a formação ideológica – por exemplo, a beleza de sua mulher mostra o seu bom gosto, como marido, ao mesmo tempo que, sem o dizer, "diz" que ele é heterossexual. Esse, aliás, é um detalhe expressivo[26], que, no entanto, na progressão da história, não significará nada aos olhos de André, ao contrário do livro de Francis Bacon ("um veado", na expressão de João), que vai lhe dar uma "pista" sobre quem é o dono da casa, como veremos a seguir.

O interfone toca, André está chegando. João, então, corre e tira o pôster do Che e o entrega a Maria, junto com livros e CDs – que podem comprometê-los ante o julgamento do chefe –, pedindo a ela para esconder tudo.

Ao entrar no apartamento, André senta numa poltrona e pe-

25. *Idem*, pp. 14-15.
26. James Wood, *Como Funciona a Ficção.*

ga um dos livros sobre a mesa do centro, que o casal se esqueceu de "recolher". Um livro (ou um dizer, para nós), que expressa algo sobre João, com quem ele dialoga:

– Epa. Francis Bacon. Esse é o cara. Vi uma exposição completíssima dele em Madri, não faz muito. Esse é craque. Ele e o Lucien Freud...

– Eu também gosto muito dos dois.

– Você mora sozinho aqui, João?

– Não, não. Eu...[27]

Nesse instante, Maria entra na sala. E, pelo que afirma o narrador, "André ergue-se da poltrona, visivelmente surpreso". Surpreso, entendemos, porque o fato de João gostar de Francis Bacon e também de Lucien Freud não significa, para o chefe, que ele "apenas" gosta das obras dos dois artistas, mas também do que eles eram...

No entanto, outros dizeres afluem na conversa, o que leva André a persistir na sua "leitura" sobre o que os objetos na casa de João estão dizendo sobre ele.

– Você é casado mas não usa aliança...

– Andei fraturando esta mão e os dedos incharam. Tive que cortar a aliança. Isto já faz tempo, mas ainda não mandei consertar. A aliança.

– A falta de aliança pode dar um sinal errado...

– Pois é...

André sorri.

– A falta de uma aliança pode destruir um sonho...[28]

A história segue nessa tensão entre a estabilização dos sentidos (paráfrases) e a sua ruptura (polissemia). Quando Maria

---

27. Luis Fernando Verissimo, "O Pôster", p. 16.
28. *Idem*, p. 17

comenta que precisa "de um homem para abrir o vinho", André se apressa e afirma "é comigo". Mas, com dificuldade para abrir a garrafa, ele fere o dedo e vai ao banheiro lavar as mãos. Logo, retorna à sala e se junta novamente ao casal:

> – Errei de porta – desculpa-se André. – Entrei no quarto de vocês. Vi que tem um pôster do Che Guevara em cima da cama. Igual a um que eu tenho em casa.
> – É – diz João. – Nós estamos tentando decidir onde colocá-lo.
> – Ali – diz André, indicando o lugar na parede onde o pôster estava[29].

Depois da inconstância de significação (do pôster do Che, do livro de Francis Bacon, da aliança etc.), nessa dada situação discursiva, que perfaz toda a história de Verissimo, os sentidos, por fim, se estabilizam. E não apenas porque André também tem um pôster do Che igual em sua casa (que, certamente, significa o mesmo que na interpretação de João e Maria), mas porque outro "enunciado" (um gesto) o comprova, quando todos se sentam à mesa para comer: João sente o joelho de André encostar no seu – e não afasta a perna. Entrou no "jogo de sentidos" do chefe – sabe o que ele quer e está disposto ao "sacrifício".

4. CONCLUINDO: O RETRATO NA PAREDE ÀS VEZES DÓI

Uma vez tendo percorrido esse percurso cômico-literário (com Veríssimo) e analítico (com elementos da análise de discurso ante a produção de sentidos e o consumo de significados), obviamente algumas interrogações nos inquietam, e são elas, de certa forma, a força motriz que faz o conhecimento acadêmico avançar.

Se o consumo é um tipo de discurso, pelo mecanismo de antecipação, o que um jovem ao usar a imagem do Che na camiseta –

---

29. *Idem*, p. 19.

que ele não sabe quem foi, como afirma o cronista na voz de Maria – pensa de seu interlocutor? A imagem do Che, pelo processo polissêmico da linguagem ganhou outros (quais) significados?

Numa esfera maior, extensível o tempo todo pela infinidade de discursos que inundam a vida cotidiana, doméstica ao natural ou em suas representações midiáticas, a rede de filiação de sentidos se altera continuamente, convocando-nos a aprender a ler o seu significado instantâneo – posto que, um segundo depois, já é outro – para sabermos com quais dizeres e não dizeres a ele reagimos.

Em realidade, este é o desafio que nos incita não apenas a eleger em nossos estudos as teorias da comunicação, mas a agir na vida social, prática, de todo os dias.

Drummond finaliza seu poema "Confidência do Itabirano", com esses versos sobre sua cidade natal:

Itabira é apenas uma fotografia na parede.

Mas como dói![30]

Para João e Maria, apesar da divergência, não doeu muito retirar a imagem do Che da parede de casa, para onde ela acabou voltando por sugestão de André. Essa imagem do "comandante", dependendo da situação discursiva, pode dizer "muito" da pessoa que a ostenta. Mas, também, pode mesmo não dizer nada. Como muitos anúncios e filmes publicitários que, em seu discurso, às vezes nada dizem mesmo sobre o produto ou serviço que divulgam.

---

30. Carlos Drummond de Andrade, "Confidência do Itabirano", *Reunião: 10 Livros de Poesia*, p. 45.

VII. O Consumo, o Estilo e o Precário na Poesia de Manoel de Barros[1]

I. CADA AUTOR COM A SUA MARCA

Se não podem ser consideradas celebridades no âmbito midiático, por não atenderem às credenciais totalizantes de visibilidade conforme Inglis[2], figuras proeminentes do mundo cultural, como os poetas, não deixam de ocupar espaços nobres na esfera de seu campo de produção cultural e, consequentemente, também no âmbito de seu consumo[3]. Não deixa de ser uma pergunta expressiva, ainda que preambular, se não seria justamente essa presença central, por meio da excelência de sua obra – assim deveria ser, sem o peso dos fatores extra-artísticos na avaliação crítica! –, o que tornaria esses autores relevantes para a história da poesia, resultando, com efeito, em sua incorporação no cânone literário.

---

1. Publicado originalmente na revista *Bakhtiniana*, n. 13, vol. 1, pp. 5-16, jan.-abr. 2018.
2. Frend Inglis, *Breve História da Celebridade*.
3. Alguns dos efeitos e condições da celebridade: reconhecimento público, a interação entre inveja, admiração, aclamação generosa, maledicência, atenção lasciva e rápida indiferença (*idem*, p. 71).

Esta questão inaugural se desdobra na noção de hierarquização interna, conforme Bourdieu em seu estudo sobre o universo literário, uma vez que ao grau de reconhecimento de um escritor corresponderia o muito ou o pouco de seu capital simbólico no campo, depreciando ou supervalorando o tipo de literatura por ele produzida[4]. Acena, assim, para a sua "presença" com maior ou menor aceitação em dois domínios que, embora complementares, nem sempre convergem em suas conclusões: a crítica (especializada) e o público (em geral).

Numa chave de interpretação apoiada na análise de discurso francesa, poderíamos afirmar que todo e qualquer poeta, como enunciador de uma determinada obra, entra em disputa direta com a obra de outros poetas, disputa aqui entendida como o estabelecimento de uma marca autoral, assim como o logotipo de uma grife, que simboliza a sua singularidade e, assim, diferencia-o de seus concorrentes. Noutras palavras: para afirmar a sua existência, a produção de uma obra poética está associada – às vezes até condicionada – a seu respectivo consumo.

Compagnon, em sua obra *O Demônio da Teoria: Literatura e Senso Comum*, lembra-nos que não apenas o autor, mas também o leitor, é quem dá sentido ao texto. Se assim é, o autor poderia pressupor o perfil desse leitor e elaborar a sua obra em comunhão com ele. Fazemos aqui uma aproximação com o mecanismo de antecipação discursiva, apontado por Orlandi[5]. Por este mecanismo constitutivo do próprio ato de enunciar, o autor (enunciador) se põe na posição do leitor (enunciatário), visando aferir se seus enunciados motivam, afetam, provocam o outro:

> [...] todo sujeito tem a capacidade de experimentar, ou melhor, de colocar-se no lugar em que o seu interlocutor "ouve" suas palavras. Ele

---

4. Pierre Bourdieu, *As Regras da Arte. Gênese e Estrutura do Campo Literário.*
5. Eni Puccinelli Orlandi, *Análise de Discurso. Princípios & Procedimentos.*

antecipa-se assim a seu interlocutor quanto ao sentido que suas palavras produzem. [...] Este espectro varia amplamente desde a previsão de um interlocutor que é seu cúmplice até aquele que, no outro extremo, ele prevê como adversário absoluto[6].

Não se trata de afirmar que este leitor "ideal" é quem guia as demandas do escritor, mas nenhum escritor desconhece a sua existência, e ainda que possa ignorá-lo, não o faz completamente, pois, ao escrever, está lendo, ou, de alguma forma, antecipando para si a leitura do outro. O leitor-primeiro do escritor, o leitor-alvo, o leitor que valida sua escrita ou o obriga a refazê-la, queira ou não, é, pelo mecanismo de antecipação, ele mesmo. Ele mesmo – e também, ou sobretudo, aquele que, noutro tempo, será seu (outro) leitor e continuará a validar sua escrita de antes, de agora – e de toda sua obra por vir.

Da mesma forma, no âmbito mercadológico, uma das diretrizes que pautam a comunicação publicitária de uma marca comercial qualquer é o conhecimento de seu público-alvo. É preciso ter algum conhecimento desse contingente para calibrar a linguagem com vistas a provocar a empatia – que seria inalcançável sem se levar em conta o mecanismo de antecipação, ou seja, sem que a marca enunciadora "ouça", na posição de enunciatária, o que os seus enunciados dizem e se, em tal gradação, são suficientes para instigar o seu *target*.

Não por acaso, Fernando Pessoa, cuja obra poética se fragmenta em ramificações autorais distintas, correspondentes à produção de seus heterônimos – e não seria essa heteronímia uma estratégia para ganhar diferentes públicos? –, redigiu textos publicitários como *freelancer* e, num dos ensaios nos quais teorizou sobre o ofício da publicidade, afirmou que é fundamental conhecer o público para quem se endereça o produto – e aqui podemos acrescentar, assim se dá também em

6. *Idem*, p. 34.

relação a um texto (seja publicitário ou literário) e seu consumidor/leitor:

O estudo do público, isto é, dos mercados, é de três ordens — econômico, psicológico e propriamente social. Isto é, para entrar num mercado, seja doméstico ou estranho, é preciso: 1) saber as condições de aceitação econômica do artigo, e aquelas em que trabalha, e em que oferece, a concorrência; 2) conhecer a índole dos compradores, para, à parte questões de preço, saber qual a melhor forma de apresentar, de distribuir e de reclamar o artigo; 3) averiguar quais as circunstâncias especiais, se as houver, que, de ordem profunda e social ou política, ou superficial e de moda ou de momento, obrigam a determinadas correções no resultado dos dois estudos anteriores[7].

Como apontou o poeta português, é igualmente essencial, além de conhecer o público, saber das estratégias da concorrência, que, salientamos, podem se desdobrar no plano mercadológico e também no plano discursivo do produto.

Chevalier e Mazzalovo, analisando os discursos marcários, definem identidade como "a capacidade de uma marca ser reconhecida como única ao longo do tempo, sem confusão, graças aos elementos que a individualizam"[8]. É essa identidade que diferencia uma marca da outra. Assim, apoiados nos estudos desses autores sobre as estratégias de comunicação das marcas comerciais, poderíamos dizer que todo autor (poeta) estaria, de forma consciente ou não, posicionando a sua obra, por meio de suas próprias peculiaridades, numa "prateleira" discursiva que pleiteia certa originalidade capaz de lhe garantir o interesse de um público leitor.

Não por acaso, Mario Benedetti, nos versos do poema "Tática e Estratégia", diz:

---

7. Fernando Pessoa, "A Arte do Comércio", pp. 224-225.
8. Michel Chevalier & Gérald Mazzalovo, *Pró Logo. Marcas como Fator de Progresso*, p. 123.

Minha tática é
ficar em tua lembrança
não sei como nem sei
com que pretexto
porém ficar em ti[9].

O pretexto, embora não expresso no poema, está implícito, e não é desconhecido do poeta: o enunciador sabe que, para os enunciados produzirem sentidos, o enunciatário tem de consumi-los, retirando-os assim da condição de latência na qual poderiam para sempre permanecer.

Nosso objetivo é tomar o caso de Manoel de Barros como exemplo de autor que, ciente de necessidade de posicionar sua obra – não obstante os elementos legítimos de sua poética –, investiu intensa e ininterruptamente em certos traços estilísticos que lhe garantiam a diferenciação autoral, bem como a reputação crítica.

2. ESTILO: A ESSÊNCIA DO CONSUMO LITERÁRIO

Compagnon faz um longo exame sobre a noção de estilo em sua obra, avaliando as concepções precedentes até há algumas décadas da relação do texto literário com a língua. Depois de discutir sobre as diversas maneiras de se conceber o estilo (como norma, ornamento, desvio, gênero, sintoma, cultura e pensamento), conclui que três aspectos o definem e contra os quais não há argumentos capazes de neutralizá-los:

O estilo é uma variação formal a partir de um conteúdo (mais ou menos) estável;

---

9. Mario Benedetti, "Táctica y Estrategia", *Antología Poética*, pp. 116-117. Tradução nossa.

O estilo é um conjunto de traços característicos de uma obra que permite que se identifique e se reconheça (mais intuitivamente que analiticamente) o autor;

O estilo é uma escolha entre várias "escrituras"[10].

Podemos pensar, em consonância com os três vetores constituintes dessa noção literária, que um certo estilo, ou, em nosso caso, o estilo de um determinado escritor, é não só a marca (de sua singularidade) como também o seu "diferencial" em relação a escritura de outros autores.

Qualquer escritor, para se estabelecer frente ao público (os leitores que darão a seu texto o estatuto de "obra"), precisa, queira ou não – obviamente de acordo com suas obsessões pessoais e seu domínio dos fundamentos, das técnicas e das possibilidades de sua arte –, ter bem definido o seu estilo, a sua marca.

É por meio de seu estilo que um escritor se legitima, se destaca, se distingue dos demais. As suas muitas ou poucas variações formais e seus constantes conteúdos (temas, por assim dizer) é que lhe dão a constância para, a um só tempo, impor e consolidar a sua "voz" autoral, particular. O conjunto de traços peculiares à sua obra é que o leva a ser reconhecido de forma intuitiva (pelo público) e analítica (pela crítica). Sua escritura é uma escolha entre outras – não cabendo aprofundar aqui se é capitaneada por suas limitações literárias, ou por sua estratégia discursiva em concorrência com a de outras obras, ou ainda por um equilíbrio entre essas duas linhas de força (uma "romântica" e outra "pragmática").

Atendendo a esses três aspectos, interligados e conformadores da noção de estilo, podemos distinguir, por exemplo, que Álvaro de Campos, Alberto Caeiro e Ricardo Reis – heterônimos de Pessoa – são poetas distintos entre si; a escritura de cada um (com seus elementos estilísticos dominantes e recessivos, suas embreagens e debreagens) os identifica e os distancia.

---

10. Antoine Compagnon, *O Demônio da Teoria: Literatura e Senso Comum*, p. 194.

Da mesma forma, o leitor semântico, aquele que Eco aponta como o leitor de primeiro nível, que apenas lê o texto[11], pode (ao perceber, ainda que não analiticamente, a marca de um autor) reconhecer se o poema a seguir é da autoria de Carlos Drummond de Andrade ou de Manoel de Barros:

> Depende a criatura para ter grandeza de sua deserção.
> A gente é cria de frases!
> Escrever é cheio de casca e de pérola.
> Ai desde gema sou borra.
> Alegria é apanhar caracóis nas paredes bichadas!
> Coisa que não faz nome para explicar.
> Como a luz que vegeta na roupa do pássaro.

Esse leitor semântico pode descobrir, por intuição, ou mesmo por contágio, como define Tolstói – o sentimento embutido numa obra de arte atualizado por aquele no instante em que a frui[12] –, quem é o autor deste poema. Já o leitor semiótico, de segundo nível, igualmente teorizado por Eco[13], examina o texto com profundidade, interessado em como se deu a sua construção, sendo portanto um "leitor crítico", e, nessa condição, constata com facilidade, no poema citado, a forma e o conteúdo inerentes à obra de Manoel de Barros[14], ou seja, a recorrência de elementos em seu estilo e, consequentemente, a sua "escritura" ímpar, distinta das demais.

A propósito, no poema "Igual-Desigual", Drummond afirma:

> Todos os sonetos, gazéis, virelais, sextinas e rondós são iguais
> e todos, todos

---

11. Umberto Eco, *Sobre Literatura*, p. 208.
12. Liev Tolstói, *Os Últimos Dias*, p. 97.
13. Umberto Eco, *Sobre Literatura*, p. 208.
14. O poema acima, de autoria de Manoel de Barros, foi extraído de seu livro *Arranjos para Assobio*, p. 39.

os poemas em versos livres são enfadonhamente iguais.
[...]
Todas as criações da natureza são iguais.
Todas as ações, cruéis, piedosas ou indiferentes, são iguais.
Contudo, o homem não é igual a outro homem, bicho ou coisa.
Não é igual a nada.
Todo ser humano é um estranho ímpar[15].

Se todos os poemas em versos livres são enfadonhamente iguais, incluindo neles os de Drummond e de Manoel de Barros, a única forma de diferenciá-los, e, por consequência, chegar a seus autores, é justamente pela configuração distintiva que resultam, pelo "estranho ímpar" que cada poeta é, e que guiado pelo mecanismo de antecipação – consciente ou não –, em consonância com a sua "poética" e seu estilo, é capaz de materializá-los.

Não por acaso assim se dá, também, no âmbito mercadológico, com os bens de consumo. Um produto é reconhecido, e então consumido, pelos traços marcantes e marcários que o caracterizam. Como ponderam Chevalier e Mazzalovo, "o objetivo comum das marcas é introduzir a diferenciação" e, por esse motivo, "as marcas são uma realidade inevitável"[16]; defini-las e gerenciá-las são regras do jogo (no nosso caso, regras da arte).

3. O PRECÁRIO: UM TRAÇO ESTILÍSTICO VITAL DE MANOEL DE BARROS

Mas como apresentar um produto com a sua marca, ganhar a preferência dos consumidores e manter a fidelidade desse público? Ou, como apresentar um estilo literário, e, depois de assentá-lo na sensibilidade de seus leitores, continuar encantando-os?

---

15. Carlos Drummond de Andrade, "Igual-desigual", *A Paixão Medida*, p. 59.
16. Michel Chevalier & Gérald Mazzalovo, *Pró Logo. Marcas como Fator de Progresso*, p. 40.

Para que o estilo de um autor se sedimente, é necessário que ele ratifique seus traços peculiares mais relevantes (e os traços consagradores da marca de seu fazer), o que exige um complexo equilíbrio entre repetição e variância. A primeira, em dosagem elevada, vai tornar o autor, no espraiar do tempo, uma "cópia" de si próprio, por vezes um pastiche, um decalque, perigo que invariavelmente todo artista corre. A segunda, se exagerada ou igualmente escassa, não raro afasta o escritor do estilo que lhe rendeu o reconhecimento – ou, mais grave, distancia-o de seu "eu", de sua personalidade literária, tão difícil de fundar e, mais ainda, de manter. Manoel de Barros, num dos poemas do *Livro das Ignorãças*, acentua:

Repetir repetir – até ficar diferente.
Repetir é um dom do estilo[17].

Não por acaso, o poeta mato-grossense vai fazer da repetição (de temas, de procedimentos linguísticos, de recursos líricos etc.) não unicamente um "dom" de seu estilo, mas a sua estratégia de "sobrevivência" para permanecer "vivo" no espaço literário. Ao repetir, com pequenas variâncias, sua homenagem, em forma de poesia, às miudezas da fauna e da flora de seu *locus* de origem, às suas raízes pantaneiras, Manoel de Barros reforça as camadas de singularidade que fazem a sua obra distinta de outras.

Um dos elementos essenciais à vigência dessa estratégia é sua maneira obsessiva – a qual podemos verificar pelo seu ininterrupto ato de repetir e repetir – de mobilizar elementos do universo do precário. Em todos os seus livros de poesia – com exceção dos dois primeiros, quando ainda "construía" a sua personalidade literária, ambos ainda em decantação conforme Moriconi[18]

---

17. Manoel de Barros, *O Livro das Ignorãças*, p. 16.
18. Ítalo Moriconi, "Poesia do Aquém", pp. 7-10.

– abundam poemas que tematizam particularidades "precárias" da natureza do Pantanal: são caracóis, formigas, aves, tocos de árvores, bichos enlameados, sempre em consonância com variadas expressões que subvertem a lógica linguageira, como essas a seguir, extraídas do *Livro das Ignorãças*:

"Hoje eu desenho o cheiro das árvores", "É como estar amanhecido a pássaros", "Não tem altura o silêncio das pedras", "Foi então que comecei a lecionar andorinhas". Outras tantas se espalham por toda a sua obra poética.

O poema "Autorretrato Falado", entre dezenas de Manoel de Barros, revela com precisão suas "escolhas" autorais:

Venho de um Cuiabá de garimpos e de ruelas entortadas.

Meu pai teve uma venda no Beco da Marinha, onde nasci. Me criei no Pantanal de Corumbá entre bichos do chão, aves, pessoas humildes, árvores e rios.

Aprecio viver em lugares decadentes por gosto de estar entre pedras e lagartos.

Já publiquei 10 livros de poesia: ao publicá-los me sinto meio desonrado e fujo para o Pantanal onde sou abençoado a garças.

Me procurei a vida inteira e não me achei — pelo que fui salvo.

Não estou na sarjeta porque herdei uma fazenda de gado.

Os bois me recriam.

Agora eu sou tão ocaso!

Estou na categoria de sofrer do moral porque só faço coisas inúteis.

No meu morrer tem uma dor de árvore[19].

Neste autorretrato, como em toda a produção desse poeta (a partir de seu terceiro livro, já dissemos), é possível notar a aparição e a ratificação dos traços prevalentes de sua estilística: *1.* a grandeza daquilo que, precisamente no mundo natural, é ínfimo (bichos do chão, aves, pessoas humildes, árvores, pedras, lagar-

---

19. Manoel de Barros, *O Livro das Ignorãças*, p. 79.

tos etc.); *2.* as construções sintáticas inesperadas – mas que, pelo seu estilo, se fazem esperadas para quem consome a sua poesia –, como "sou abençoado a garças", "os bois me recriam", "eu sou tão ocaso", "meu morrer tem uma dor de árvore"; *3.* o vocabulário de apoio, igualmente ajustado ao precário ("ruelas entortadas", "lugares decadentes", "coisas inúteis").

Vejamos outro exemplo expressivo de seu estilo, que, assim o representando, é reconhecível pelo seu "consumidor", uma vez que o poeta, guiado pelo mecanismo de antecipação, sabia que era preciso lhe contemplar a sensibilidade – pois, como vimos com Compagnon, o leitor prenuncia seu autor[20]:

> O mundo meu é pequeno, Senhor.
> Tem um rio e um pouco de árvores.
> Nossa casa foi feita de costas para o rio.
> Formigas recortam roseiras da avó.
> Nos fundos do quintal há um menino e suas latas maravilhosas.
> Todas as coisas deste lugar já estão comprometidas com aves.
> Aqui, se o horizonte enrubesce um pouco, os besouros pensam que estão no incêndio.
> Quando o rio está começando um peixe,
> Ele me coisa
> Ele me rã
> Ele me árvore.
> De tarde um velho tocará sua flauta para inverter os ocasos[21].

Eis as miudezas do cotidiano e do território geográfico onde o poeta vivia e que o encantavam ("o mundo meu é pequeno", "um rio e um pouco de árvores", "formigas recortam roseiras", "besouros pensam" etc.), o modo "original" de Manoel de Barros se expressar ("as coisas... comprometidas com aves", "o rio está começando um peixe", "ele me coisa", "ele me rã", "ele me

---

20. Antoine Compagnon, *O Demônio da Teoria: Literatura e Senso Comum.*
21. Manoel de Barros, *O Livro das Ignorãças*, p. 51.

árvore" etc.), as grandes extensões de "seu" Pantanal represadas num glossário doméstico ("a casa", "o rio", "a avó", "fundos do quintal", "o menino", "as latas", "o horizonte", "o velho").

Quando ainda buscava consolidar seu estilo, Manoel de Barros, em seu segundo livro, *Face Imóvel*, de 1942, escreveu o poema "Os Girassóis de Van Gogh":

> Hoje eu vi
> Soldados cantando por estradas de sangue
> Frescura de manhãs em olhos de crianças
> Mulheres mastigando as esperanças mortas
>
> Hoje eu vi homens ao crepúsculo
> Recebendo o amor no peito.
> Hoje eu vi homens recebendo a guerra
> Recebendo o pranto como balas no peito.
>
> E como a dor me abaixasse a cabeça,
> Eu vi os girassóis ardentes de Van Gogh[22].

Décadas depois, o poeta enfrentaria o mesmo tema, mas, desta feita, com o estilo já depurado ao máximo, dispensa o "tom" grandioso e o excesso do dizer, concentrando sua potência poética, lastreada pela miudeza, num único verso, desafiador da gramática convencional:

> Um girassol se apropriou de Deus: foi em Van Gogh[23].

Essa comparação nos permite comprovar que uma obra literária não se estabelece – e quem lhe concede a permanência é o leitor –, se seu autor não investe, por meio da repetição e da variação, nas vigas que estruturam o seu estilo.

---

22. Manoel de Barros, "Os Girassóis de Van Gogh", *Poemas Concebidos Sem Pecado e Face Imóvel*, p. 55.
23. Manoel de Barros, *O Livro das Ignorãças*, p. 27.

134   A LÍRICA DO CONSUMO

Até em suas últimas obras publicadas, "Menino do Mato" e "Escritos em Verbal de Ave", Manoel de Barros iria se valer desse equilíbrio complexo entre repetição e variação dos elementos constitutivos de seu estilo, mantendo assim a marca diferencial de seu "produto literário".

4. EM SUMA: O CONSUMO SE MANTÉM GRAÇAS AO PRECÁRIO

Para concluir, retomamos ao poema de Benedetti, que, nos últimos versos, enuncia, a nosso ver, o posicionamento do poeta pantaneiro perante o universo literário, ou seja, como ele sustentava a sua marca diferenciadora:

Minha estratégia é
mais profunda e mais
simples
minha estratégia é
que um dia qualquer
não sei como nem sei
com que pretexto
por fim me necessites[24].

Ao se afastar dos grandes temas, ou melhor, abordá-los por meio das miudezas, Manoel de Barros nos entrega uma obra poética de costas para a hegemonia corrente. Se lembramos que o consumo é um código de valores[25] que gera pertencimento entre as pessoas[26], a sua poesia, produzida com a semântica do precário, torna-se um valioso item de consumo para os leitores avessos à

---

24. Mario Benedetti, "Táctica y Estrategia", *Antología Poética*, p. 117. Tradução nossa.
25. Mary Douglas & Baron Isherwood, *O Mundo dos Bens: Para uma Antropologia do Consumo*.
26. Néstor García Canclini, *Consumidores e Cidadãos: Conflitos Multiculturais da Globalização*.

poesia dos grandes temas e dos versos nobres. Podemos adicionar que, ciente da existência de uma economia de discursos, ele escolheu colocar em circulação um "bem" escasso, posto que se revela oposto à poesia dominante, e alcançou a "distinção" ao se posicionar como o "guardador de águas" do Pantanal, assim como Pessoa fez de Caeiro o seu guardador de rebanhos.

Herberto Helder, outro importante poeta português, aconselha: "procure o seu estilo, se não quer dar em pantanas". Para ele, o estilo "é um modo sutil de transferir a confusão e a violência da vida para o plano mental de uma unidade de significação"[27]. Manoel de Barros, modelando durante décadas o seu estilo, fez da "grandeza do ínfimo" a sua unidade de significação – e assumiu que ser poeta, como na concepção de Mario Quintana, "não é dizer grandes coisas, mas ter uma voz reconhecível dentre todas as outras"[28].

Arrastando, à semelhança de um caracol, para a produção de seu discurso, o mundo das coisas precárias, o poeta pantaneiro leva o leitor a consumir com gosto e em quantidade os enunciados de seu "dialeto coisal, larval, pedral"[29]. Seu pendor assumido pelo menor, pelo pequeno, pelo miúdo, mostrou-se, indiscutivelmente, uma estratégia de larga amplitude para a sua poesia.

---

27. Herberto Helder, *Os Passos em Volta*, pp. 12-13.
28. Mário Quintana, *Caderno H*, p. 155.
29. Manoel de Barros, *O Guardador de Águas*, p. 42.

VIII. No Romance *Nada*. o Consumo e o Discurso Niilista da Publicidade[1]

1. O NADA SIGNIFICANTE

As mesmas palavras podem ter significado diferente se mudada a sua situação discursiva. Elas não significam sempre a mesma coisa, são e sempre serão contas de um colar que adquire novos ou velhos sentidos de acordo com as outras palavras que estão ao seu lado, as já ditas antes, no instante contextual. A linguagem não é transparente, como sabemos, a sua opacidade é constitutiva, assim como o silêncio que nela também é significante.

No capítulo VI, quando retextualizamos o conto "O Pôster", de Luis Fernando Verissimo, pudemos constatar, como o disse Maria, uma personagem da história, que a imagem de Che Guevara na parede da sala de seu apartamento tanto pode-

---

1. Publicado originalmente com o título "O Consumo e o Discurso Niilista da Publicidade", *Animus: Revista Interamericana de Comunicação Midiática*, vol. 16, n. 32, pp. 49-61, 2017.

ria significar algum "vínculo" de simpatia entre ela e o "comandante" como, também, absolutamente nada.

Desta vez, propomos abordar o nada, mas não esse nada retórico, nascido de um processo de significação, mas aquele nada metafísico, negação da existência – a vida que não vale a pena ser vivida – e, por consequência, negação da produção e do consumo de bens. Para isso, escolhemos um romance da escritora dinamarquesa Janne Teller, cujo título é justamente *Nada*.

A trama de *Nada* se inicia já com a apresentação do conflito: na pequena cidade de Taering, após as férias escolares, os alunos retornam à escola e tudo parece normal, quando, na sala da sétima série, logo depois do professor dar as boas-vindas, Pierre Anthon, o mais inteligente daquela turma, levanta-se e diz que nada importa. E, se nada importa, como ele acaba de descobrir, "não vale a pena fazer nada". Pierre, então, abandona a sala de aula e sobe numa ameixeira em frente à sua casa, onde irá permanecer para sempre. Dali, põe-se a arremessar ameixas nos companheiros de classe que passam pela rua a caminho da escola.

Agnes, uma de suas colegas de sala, é quem vai narrar a história, que se estende por um período de tempo no qual os alunos vão tentar dissuadir Pierre de sua resolução. O menino, contudo, desde o início, se mostra irredutível. De cima da árvore, Pierre Anthon grita para os amigos que é inútil fazer qualquer coisa e, para isso, usa alguns argumentos: A) "Porque tudo só começa para acabar. Você começa a morrer no instante em que nasce"; B) "A Terra tem 4,6 bilhões de anos, mas vocês chegarão no máximo aos 100! Existir não vale a pena"; C) "É tudo um grande teatro, tudo fantasia, fingindo ser o melhor exatamente nisso"; D) "Dentro de poucos anos, vocês estarão mortos e esquecidos, então deveriam começar a se acostumar"[2].

---

2. Janne Teller, *Nada*, pp. 9-10.

E é exatamente ao ouvir esta última sentença que os companheiros de Pierre decidem, de fato, não apenas fazer algo para demovê-lo de seu intento, mas também provar a ele que a vida vale a pena ser vivida. Não por acaso essa decisão do grupo se dá por meio de uma "pilha de significados", que, conscientemente ou não, lançará a todos, no final do romance, à visibilidade midiática mundial, mostrando que eles não estavam mortos e esquecidos numa aldeia, mas vivos e em evidência em esfera global (ao menos por algum tempo).

Antes de desfolharmos os passos que levam os amigos de Pierre a encorpar, num crescendo macabro, a pilha de significados – que, na concepção deles seria capaz de mostrar ao amigo que a existência não é assim, tão insignificante, um nada, como ele prediz, mas algo valioso –, vamos nos deter nessa dualidade de posições: a de Pierre, que visa persuadir seus amigos também de que nada vale a pena; e a deles, do outro lado, que não se limitam a se contrapor aos argumentos do menino, mas, ao contrário, põem-se no ataque, com o intuito de neutralizá-lo.

Numerosos recursos da nova retórica[3] são apropriados pela publicidade na configuração de sua linguagem, conforme argumentamos em outra oportunidade[4], na forma de estratégias discursivas apolíneas (fundeadas na razão) ou dionisíacas (que exploram a emoção). Um desses recursos são os *lugares de quantidade* – a utilização, como argumento, da dimensão matemática –, como se vale Pierre ao dizer a seus companheiros que "A Terra tem 4,6 bilhões de anos, mas vocês chegarão no máximo aos 100! Existir não vale a pena", ou, ao afirmar, que "Dentro de *poucos anos*, vocês estarão mortos e esquecidos". Seus companheiros vão, ao longo do livro, contra-argumentar, como veremos adiante, com a pilha de signifi-

---

3. Chaim Perelman & Lucie Olbrechts-Tyteca, *Tratado da Argumentação: A Nova Retórica.*
4. João Anzanello Carrascoza, *Razão e Sensibilidade no Texto Publicitário.*

cados – a sobreposição de coisas que, para eles, são importantes –, usando a tática persuasiva da *valorização do superior*.

É essencial aqui ressaltarmos as posições semelhantes que assumem Pierre e seus amigos em relação ao consumidor e o anunciante. Este quer convencer aquele, com a originalidade de seu *mundo ficcional* criado e gerenciado pela publicidade, de que deve consumir seu produto, enquanto o outro sabe que o mundo do consumo que lhe é oferecido é mesmo ficcional e ele tem antes de ser convencido a adentrá-lo. Ambos, consumidor e anunciante, sabem, pelas próprias palavras de Pierre, que "É tudo um grande teatro, tudo fantasia, fingindo ser o melhor exatamente nisso", e, de fato, se um precisa fingir o melhor possível que seu mundo imaginário é feito para o outro, este outro finge que é, igualmente, a *persona grata* capaz de habitá-lo e lhe dar sentido.

Entre as várias fases de uma narrativa, conforme Savioli e Fiorin[5] – manipulação, competência, performance e sanção –, podemos afirmar que a publicidade costuma enfatizar a manipulação (alguém tenta convencer um outro a fazer algo) e a sanção (castigo ou recompensa que recebe esse outro por ter feito ou não o que dele se esperava).

Pierre, ao longo da história, vai se valer da manipulação por provocação, já que desvaloriza a competência discursiva dos amigos. Na esfera mercadológica, os anunciantes visam persuadir, por meio de suas narrativas imaginárias, o consumidor a preferir seu produto e, assim, dissuadi-lo de escolher outro, concorrente. Assim, como nos enunciados de um discurso, uma vez sendo estrategicamente escolhidos para serem ditos, todos os outros não podem estar em seu lugar e são silenciados – a publicidade escolhe dizer aquilo que, estrategicamente, valoriza não necessariamente o seu produto, mas o seu universo discursivo, aquilo que amplia a expressividade de seu mundo

---

5. Francisco Platão Savioli & José Luiz Fiorin, *Para Entender o Texto. Leitura e Redação*.

ficcional, ou desvaloriza o de outrem. Tudo o mais, que não foi enunciado, que estacionou no âmbito do não dito, permanece em silêncio, à sombra do indizível. Podemos afirmar que na esfera publicitária, como Pierre e seus companheiros, as empresas travam, para além do domínio material de suas mercadorias, uma disputa para colocar em circulação, na mídia, discursos mais contagiantes do que os de seus concorrentes.

Em outras palavras: um anúncio de produto, por exemplo, não visa apenas levar o consumidor a aderir a ele, mas, por meio da escolha cuidadosa de seus ditos (e seus correspondentes não ditos), também dissuadi-lo de escolher outro e, assim, responder "discursivamente" às demais empresas que fabricam produtos similares. Não basta *fazer* o consumidor *crer* no mundo imaginário que para ele é criado e gerenciado por ações de marketing, mas diminuir, diante de seus olhos, a significância dos outros mundos que com ele competem.

2. O SIGNIFICADO: HISTÓRICO E SOCIALMENTE CONSTRUÍDO

Os companheiros de Pierre resolvem postar-se debaixo da ameixeira e continuar a tentativa de dissuadi-lo, valendo-se, estrategicamente, das mesmas "armas". Se Pierre o fazia por meio de argumentos (palavras) e atos (atirando ameixas neles), e esses se restringiam a se contrapor unicamente com argumentos (palavras), resolvem, então, fazê-lo também com atos (atirando pedras no amigo).

Pierre segue trepado nos galhos da árvore, resoluto, empregando outras táticas retóricas, à semelhança do que faz a publicidade, como a *comparação* – "Estou sentado no nada. E é melhor estar sentado no nada do que em algo que não é nada!" –, a *comparação* associada à *valorização do inferior* – não há porque fazer nada, se em breve se vai morrer e "se é possível ficar sentado aqui, comendo ameixas, vendo o mundo girar e se acostumando a ser parte do nada?" – ou a *comparação* amplificada por *lugares de quantidades* – "Se viverem até oitenta anos, terão dormido durante trinta anos, ido à escola e feito deveres de casa por quatro anos e trabalhado quase catorze anos. Como já passaram mais de seis anos sendo crianças e brincando, a ainda passarão no mínimo doze anos limpando, fazendo comida e cuidando dos filhos, sobrarão no máximo nove anos para viver"[6].

Seus amigos, por outro lado, abandonam os argumentos e se apegam apenas aos atos, passando raivosamente a atirar pedras e mais pedras em Pierre, que, ferido, cai na grama. "Vencemos", pensam, "a vitória é doce", "a vitória existe", mas, então, dois dias depois, eis que encontram Pierre novamente na ameixeira, "com um curativo na testa e uma nova série de golpes verbais".

Expressiva é a maneira como Agnes, a narradora, reage à provocação de Pierre, quando esse diz que sempre haverá alguém melhor que eles: "Eu vou ser algo que valha a pena na vida! E vou ser famosa!"

Tem-se aí, nitidamente, a posição de quem, representante tão comum do sujeito contemporâneo, deseja afirmar a sua importância, e, em consequência, ganhar visibilidade midiática. No entanto, a resposta de Pierre levanta questões diretamente relacionadas aos estudos do consumo apreendidos à luz da comunicação:

– Você será uma estilista e andará por aí em sapatos altos e bancará a esperta e fará com que os outros também se achem espertos, desde que vistam sua marca. [...] Mas você vai perceber que é um palhaço em um circo inútil, onde todos tentam convencer uns aos outros de que é fundamental vestir-se de um jeito esse ano e de outro jeito no ano seguinte. E então descobrirá que a fama e o grande mundo estão fora de você e que você está vazia por dentro e que, aconteça o que acontecer, isso nunca vai mudar[7].

6. Janne Teller, *Nada*, pp. 18-20.
7. *Idem*, p. 21.

142   A LÍRICA DO CONSUMO

O argumento de Pierre "a fama e o grande mundo estão fora de você" nos conduzem à para quem o centro do mundo não está nele "em si", mas em tudo o que determina o seu aspecto exterior. O mundo só é perceptível como representação[8]. Por outro lado, outra afirmação de Pierre, "um circo inútil, onde todos tentam convencer uns aos outros de que é fundamental vestir-se de um jeito esse ano e de outro jeito no ano seguinte", reafirma nossa concepção de que a comunicação publicitária é, mais do que um território de confronto entre os atributos e diferenciais de produtos, uma "guerra" entre formações discursivas – assumidas e colocadas para circular no sistema midiático pelos anunciantes através de suas agências de publicidade.

Assim como Pierre se vale de estratégias retóricas para "convencer" seus amigos que não vale a pena fazer nada – a vida é nada –, e esses visam demovê-lo desse "posicionamento", a publicidade de uma marca visa firmar seus valores e, simultaneamente, neutralizar o discurso da concorrência. De certa forma, toda peça publicitária contém a comparação em seu caleidoscópio retórico, seja ela direta ou indireta, consubstanciando a "superioridade" do produto anunciado explicitamente em seus dizeres ou subentendida nas brechas silenciosas de seus não ditos[9]. O título do clássico anúncio de Rolls-Royce, escrito por David Ogilvy, "A sessenta milhas por hora, o ruído mais alto neste novo Rolls-Royce vem do relógio elétrico", não apenas enuncia tal "fato" em seu dito, como, em seu não dito, enuncia que "os demais carros não apresentam essa qualidade", ou ao menos ela não está verbalizada no discurso deles.

Não por acaso, no poema "Desordem", Ferreira Gullar afirma que é essencial

---

8. Arthur Schopenhauer, *O Mundo como Vontade e como Representação*.
9. João Anzanello Carrascoza, *Estratégias Criativas da Publicidade. Consumo e Narrativa Publicitária*.

[...]
o não-dito não
o sublime indizível
mas o fortuito
e possível
de ser dito
e não o é
por descuido
ou por intuito[10].

Para nós, o que é dito, tanto quanto o que não é dito, o é por descuido (porque, uma vez escolhido um dizer, é preciso desprezarmos todos os demais dizeres) *e* também por intuito (posto que, se um dizer não pode conter todos os dizeres, senão só o seu dizer, é esse que escolhemos).

Se comunicar o diferencial de seu produto é o intuito publicitário de um anunciante para convencer o público, ao fazê-lo concretamente, por meio de seus ditos, fará também balançar a rede de não ditos, em cujos nós sempre se encontrará, subentendida, a comparação com os produtos concorrentes.

Se digo, por exemplo, num anúncio, como o da Livraria Siciliano, ao fazer uma promoção de livros esotéricos "A maior queima de livros desde a Idade Média", estou dizendo, em seu não dito, que o mesmo não se dá, com a mesma amplitude, em outras livrarias. Ou, se digo, como no anúncio de uma marca de toalhas de papel, "Snob. Absorve muito mais gordura", estou dizendo, pelo meu não dizer, subentendido, que outras marcas de toalha de papel absorvem menos gordura.

Em outro poema, "Traduzir-se", Gullar escreve:

Uma parte de mim
é multidão:

---

10. Ferreira Gullar, *Em Alguma Parte Alguma*, p. 27.

outra parte estranheza
e solidão.

[...]

Uma parte de mim
é permanente:
outra parte
se sabe de repente[11].

Assim, o poeta nos lembra que uma parte pressupõe a existência de outra parte. Ou, no nosso caso, nos ditos de uma campanha publicitária estão também (e indissoluvelmente) os seus não ditos.

Pierre e seus amigos travam um embate discursivo, assim como o que se dá no campo publicitário. Uma marca, por meio de sua publicidade, busca, a um só tempo, "afirmar" o seu valor e "negar" (ainda que indiretamente) o da concorrência.

Bakhtin afirmou que o signo é material[12], e podemos dizer, na outra mão, que toda materialidade também é sígnica. Não por acaso, a partir desse trecho da história, há um deslocamento do conflito, que se ameniza no campo do discurso (com seus signos) para ganhar ênfase no campo dos objetos (com seu poder também discursivo). Sofie, uma das meninas do grupo, diz: "Temos de provar a Pierre Anthon que algo importa"[13]. Essa prova não pode se limitar mais a argumentos do discurso, e, sim, do mundo físico. Os amigos, então, em consenso, se põem a reunir às ocultas, numa serralheria abandonada, todo tipo de "coisas" que tivessem alguma importância.

---

11. Ferreira Gullar, *Toda Poesia*, p. 335.
12. Mikhail Bakhtin, *Marxismo e Filosofia da Linguagem*.
13. Janne Teller, *Nada*, p. 22.

Começam a empilhar objetos pessoais, como uma boneca, um hinário, um pente de madrepérola, uma fita cassete dos Beatles. Também vão de casa em casa, pedindo às pessoas algo que fosse significativo para elas – e ganham, sobretudo dos idosos, cachorros de porcelana, fotografias, brinquedos antigos, roupas usadas e até uma rosa de um velho buquê de noiva. A pilha não para de crescer, mas ainda lhe falta significado, como afirma a narradora: "Sabíamos que nenhum dos objetos que havíamos juntado realmente significava algo para nós e, sendo assim, como poderíamos convencer Pierre Anthon da importância daquilo? Não, ele nos desmascararia imediatamente"[14].

Convocado pelo líder, Jan-Johan, o grupo decide que a pilha deve ser feita de coisas realmente importantes para cada um. Denis acaba entregando uma coleção de livros de *Dungeons & Dragons*, Sebastian é obrigado a ceder a vara de pescar, Richard a bola de futebol, Laura seus brincos e Agnes os tamancos novos que acabara de ganhar da mãe. Um pacto irreversível é, então, fechado entre eles, uma espécie de círculo de exigência: quem decide o que é valioso para uma pessoa não é ela, mas outra, que a precede na roda. É essa que avalia o "significado" do objeto na vida do colega, obrigando-o, junto aos demais, a colocá-lo na pilha.

É a vez de Agnes ordenar o que Gerda deve pôr na pilha de significados. Agnes procura se tornar íntima dela até encontrar o "seu ponto fraco", algo muito especial que a outra sofreria para se desfazer – Oscarlille, seu hamster de estimação. O grupo não se comoverá com o choro de Gerda e a gaiola com seu hamster passa a ocupar o alto da pilha de significados. Significados que, daí em diante, serão de fato "significativos" quanto mais valiosos se mostrarem para seus donos.

14. *Idem*, p. 25.

3. UMA CORRENTE DISCURSIVA MACABRA

Igual à lógica do desafio que regula o apelo comunicacional lançado pelas marcas anunciantes, por meio de sua publicidade, no mercado das formações discursivas – onde um anúncio compete com outro –, os amigos de Pierre se lançam a disputar, entre si, quem é capaz de descobrir qual a coisa mais importante na vida do outro, e cuja renúncia o levaria indubitavelmente à dor. E, à medida que o ciclo de ampliação da pilha prossegue, as exigências vão aumentando. É o jeito que todos acreditam ser capaz de demover Pierre Anthon de seu intento – que, como o escrivão Bartleby, na história de Melville, mantém-se no seu nada fazer, no "acho melhor não" –, e, assim, levá-lo a revalorizar a existência e viver outra vez como os demais habitantes dali.

Um aspecto expressivo desse embate, que podemos associar às narrativas veiculadas pela mídia, está relacionado à capacidade dos discursos, nos formatos contemporâneos colaborativos, atraírem a participação de consumidores que eram "apenas" consumidores e, então, atualmente, passam a ser também produtores desses discursos. Pierre Anthon representa o discurso comunicacional da tradição, uma fonte que emite um conteúdo para muitos destinatários, enquanto seus amigos, unidos, assumem a posição de várias fontes emissoras, que modelam o discurso e o lançam a um destinatário (Pierre Anthon) mas também a muitos outros (que precisam igualmente ser convencidos do significado da vida).

Sabemos que o discurso é uma prática, uma ação do sujeito no mundo. Quando discursamos, marcamos posição, selecionando uns sentidos e excluindo outros (pela impossibilidade de ocuparem o lugar daqueles escolhidos). Os sentidos, como nos lembra Gregolin, não são dados *a priori*[15]. Os sentidos não são imanentes no discurso, dependem de sua interação com outros

---

15. Maria do Rosario Gregolin, *Discurso e Mídia: A Cultura do Espetáculo*.

sentidos, estão sujeitos às suas condições de produção. Como pássaros, os sentidos não podem ser apreendidos de uma única forma, paralisados, senão polissemicamente – em pleno voo. Os amigos de Pierre estão convencidos, pois, que cada coisa colocada na pilha deve significar antes de tudo uma dura perda para seu dono – estando a sua enunciação condicionada ao grau (crescente) de maldade de quem faz o "pedido".

Assim, na sequência, Gerda vai "pedir" que Maiken deposite na pilha seu telescópio. Maiken "pedirá" que Frederik se desfaça da bandeira da Dinamarca; Frederik "pedirá" que Lady Werner disponha de seu diário; Lady Werner "pedirá" que Anna-Li, de origem coreana, entregue seu certificado de adoção; Anna-Li "pedirá" que Ingrid ponha na pilha suas muletas novas; e Ingrid "pedirá" que Henrik coloque lá a serpente imersa em formol na sala de aula de biologia – todos objetos caros a eles, que, apesar de protestarem, são obrigados a botar na pilha, cujo topo vai ganhando novas camadas.

As camadas seguintes revelam uma corrente discursiva ainda mais macabra, pois nela são colocados o caixão do irmão caçula de Elise que morrera havia pouco tempo, os cabelos em tranças de Rikke-Ursula, o tapete de oração do menino muçulmano Hussain, a bicicleta amarela de Hans, um pano ensanguentado (a "inocência" de Sofie), o Jesus pregado na cruz do garoto Kaj (crucifixo da igreja), a cabeça da cachorra Cinderela (decapitada por Rosa) e, por fim, o dedo indicador de Jan-Johan (cortado por Sofie na presença de toda a turma), que completa a roda de exigências – e a pilha de significados a ser mostrada a Pierre Anthon. Nessa "sessão" de mutilação, enquanto Sofie pega a faca, os lamentos de Jan-Johan, líder da turma, são ironizados. Hussein diz: "Não há nada a temer. É só um dedo". E Anna-Li acrescenta com calma: "se não doesse, não teria significado"[16].

---

16. Janne Teller, *Nada*, pp. 86-87.

Se, antes do dedo de Jan-Johan, todas as coisas, até então colocadas na pilha de significados, eram importantes para os amigos, ainda que não se constituíssem num grande dano físico (as tranças de Rikke-Ursula não o eram, e a morte da cachorra Cinderela foi perda maior unicamente para ela), agora o significado atingira uma perda "corporal", uma amputação, ainda que pequena. Não por acaso, é Jan-Johan quem vai "abalar" aquele discurso em progresso, construído com objetos para combater o "nada" de Pierre Anthon. Ele é quem denuncia o grupo à polícia, que invade a serralheria e encontra todos reunidos ali.

Agnes narra as reprimendas, os sermões e os castigos que a turma tem de enfrentar depois da descoberta, mas o que mais os "fere" é a descrição da pilha feita pelos policiais aos seus pais: enumeram algumas das coisas (a cabeça de um cachorro, um caixão de criança, um dedo indicador sangrento) e, para não se alongarem, terminam com "etc.": "Foi o 'etc.' que nos ofendeu. Como se pudessem reduzir o significado a um 'etc.' Etc. E outras coisas. Coisas que não precisam ser nomeadas, pelo menos por enquanto"[17].

Esse "etc." nos remete à técnica de empilhamento dos primeiros anúncios classificados e ainda hoje presente em textos publicitários que precisam comunicar várias características de um produto[18]. O que vai ser dito num anúncio (a enumeração desses atributos), os sentidos que serão mobilizados, é pautado pelas informações presentes no *briefing*, ou seja, faz parte do enquadramento criativo que deve estar em sintonia com os objetivos mercadológicos do anunciante. O título-texto de um anúncio do Fiat Strada Adventure, por exemplo, propõe: "Faça uma viagem com muita adrenalina, endorfina e parafina". Já o do Fiat Doblò Adventure enuncia "Limpadores de para-brisa com velocidades garoa, chuva, tempestade e cachoeira".

---

17. *Idem*, p. 89.
18. João Anzanello Carrascoza & Tânia Hoff, "Ecos da Literatura na Publicidade Brasileira nas Primeiras Décadas do Século xx".

Vale ressaltar também que, ao longo de sua narrativa, Agnes "qualifica" seus amigos, conforme as coisas de que dispõem para aumentar a pilha de significado, com um adjetivo revelador. Ela vai se referir à *pequena* Ingrid, ao *grande* Hans, ao *piedoso* Kaj, à *bela* Rosa, à *pobre* Cinderela, ao *puxa-saco* do Henrik, ao *chorão* Jan-Johan. Assim como o faz o discurso publicitário por meio de sentenças que sintetizam os produtos, em geral na forma de *slogans*: Sadia, o frango mais *amado* do Brasil; Minalba, água *pura* da montanha; Bradesco, *completo*; Havaianas, as *legítimas*; Hellmann's, a *verdadeira* maionese; Suflair, o chocolate *diferente*; Unibanco, o banco *único*.

De volta ao enredo, a pilha de significados ainda está na serralheria, pois a polícia trata do caso em segredo, e, como não há como transportá-la e exibi-la a Pierre, seguindo o plano, é preciso que esse "discurso" chegue até ele – porque o menino, indiferente, continua sobre os galhos da ameixeira. Os amigos, então, decidem fazer uma ligação anônima para o jornal da cidade, contando o caso – na esperança de que chegue aos ouvidos de Pierre. Assim procedem, convictos do interesse da "mídia" por histórias macabras e pelo seu poder de galvanizar a atenção do público.

A iniciativa dá certo. O *Taering Tirsdag* publica uma reportagem sem revelar a identidade dos jovens, mas comunica a suspeita de que os "demônios" sejam uma turma de alunos da escola da cidade. Há uma midiatização[19] do fato e gente de todo o país acorre a Taering para visitar a pilha, tanto pessoas comuns quanto críticos de arte, o que obriga a polícia a abrir a serralheria para visitação por algumas horas diárias. Como era a intenção do grupo, a notícia alcança Pierre Anthon; mas ele, indiferente, retruca: "Nada importa, e não vale a pena se preocupar com nada. Nem mesmo com sua pilha de cacarecos"[20].

---

19. José Luiz Braga, "Midiatização como Processo Interacional de Referência".
20. Janne Teller, *Nada*, p. 99.

Desde Marx, sabemos que toda produção pressupõe um consumo[21], ou seja, não se pode pensar na primeira instância sem a segunda, pois elas são complementares. No âmbito de uma economia dos discursos, há também, conforme Fausto Neto, um terceiro vetor – a circulação[22]. E a circulação dos discursos, com o advento da Web 2.0, vai influir em sua produção (o público interage, participa com ressignificações) e em seu consumo (que se expande por meio de compartilhamentos).

Mas é o poder influente da circulação que dá esperanças aos amigos de Pierre: a divulgação da pilha de significados não se restringe às páginas do *Taering Tirsdag*; a imprensa nacional e, em seguida, a imprensa de todos os cantos do mundo, se espalha pela cidade para cobrir o fenômeno:

> Os fotógrafos nos perseguiam para conseguir o melhor sorriso, o olhar mais intelectual, o gesto mais magnífico. Os jornalistas batiam em nossas portas dia e noite, e canais de televisão dos mais variados países colocaram suas câmeras em frente à escola de Taering e nos filmavam quando entrávamos ou saíamos. Até Jan-Johan estava satisfeito e levantava seu coto enfaixado, mostrando-o para todos os fotógrafos para que a falta do dedo indicador pudesse ser imortalizada aqui e ali[23].

A pilha de significados, portanto, se tornara famosa. Todos estavam impressionados com ela, afirma a narradora, menos quem interessava: Pierre Anthon se mantém resoluto em seu propósito. Com desprezo, ele lembra aos amigos aquilo que sabemos ser a lógica produtiva da mídia, o abandono de um fato por outro mais recente: "Agora isso é notícia e todo o mundo tem o olhar voltado para Taering. No mês que vem, Taering será esquecida e o mundo inteiro estará em outro lugar"[24].

21. Karl Marx, *Contribuição à Crítica da Economia Política*.
22. Antonio Fausto Neto, "As Bordas da Circulação".
23. Janne Teller, *Nada*, p. 101.
24. *Idem*, p. 102.

Embora Pierre tivesse razão quanto ao interesse da mídia – que logo minguaria –, outra instituição do sistema cultural entra em campo para validar a sua importância: um museu de Nova York oferece aos jovens a quantia de 3,5 milhões pela pilha de significados. O negócio é selado por um valor maior e fica decidido que o museu faria o transporte da pilha para seu acervo no mês seguinte. Nesse tempo de espera, a cidade volta a ser tediosa, a imprensa desaparece. O grupo de amigos, até então convencido de que havia encontrado o significado, começa a hesitar. Pierre Anthon os provoca:

> [...] se vocês realmente houvessem encontrado o significado, ainda o teriam. E a imprensa do mundo inteiro ainda estaria aqui, tentando descobrir o que vocês encontraram [...], seja o que for que acharam, não é o significado, porque ele não existe![25]

Nesse embate de forças, o desfecho da história é brutal, com o incêndio da serralheria e a morte de Pierre Anthon. Curiosamente, ele vai até lá não atraído pela pilha, mas pela notícia de que uma das garotas do grupo, Sofie, enlouquecera. Agnes conta que não precisou dizer mais do isso para convencer Pierre – o que nos mostra que só a não razão foi capaz de convencê-lo a descer da ameixeira, enquanto todo o discurso racional dos amigos sequer o comoveu.

Perturbadora, esta história realça não o poder do nada insignificante, mas do nada "significante". Tão significante que, como afirma Agnes, as cinzas que restaram do incêndio da serralheria (e da pilha de significados) continuaram, mesmo depois de anos, inquietando a sua vida – o que, obviamente, deve significar algo. Algo que, talvez, só compreenderemos quando o nada (total, não apenas discursivo) nos empilhar.

---

25. *Idem*, p. 109.

IX. "Semplica Girl", de George Saunders. O Consumo de Amanhã no "Diário de um Consumidor"[1]

1. UM "BELO" RETRATO DA VIDA E DA ÉPOCA

Se os jornais selecionam, segundos seus critérios, os fatos que devem ser noticiados para uma comunidade, fazendo um registro cotidiano da vida social, os diários escritos por indivíduos, de cunho ficcional ou não, também consistem em uma edição, não desprovida de interesses de seu narrador, de acontecimentos e experiências pessoais relatadas para si mesmo ou para partilhar com seus contemporâneos.

Ainda que pretenda narrar as vivências de cada dia, presentificando-as por meio da escrita, os diários, como outros gêneros literários – em especial a crônica e o conto –, estão mais próximos dos fatos passados e se constituem indiscutivelmente numa documentação de "histórias" já vividas. O tempo dominante é o pretérito: a anotação do dia está colada ao momento presente,

---

1. Publicado originalmente com o título "Diário de um Consumidor e o Consumo de Amanhã", *Famecos – Mídia, Cultura e Tecnologia*, vol. 25, n. 1, jan.-abr. 2018.

mas já no passado, daí o motivo de, atualizando-o pela escrita confessional, retardar seu envelhecimento.

No entanto, ainda que sejam escritos no presente, revitalizando acontecimentos pretéritos, os diários, quando não são mantidos em sigilo por seus autores, almejam o futuro – o mergulho dos leitores vindouros em suas páginas. Por isso, não deixa de ser significativo, pela sinceridade de seu propósito, o início do conto "Semplica Girl – Os Diários", do escritor norte-americano George Saunders, no qual o narrador, ao fazer quarenta anos, resolve "embarcar no grandioso projeto" de escrever um diário. Esse narrador está excitado com a ideia de que, à razão de uma página escrita por dia, terá produzido, depois de um ano,

> [...] trezentas e sessenta e cinco páginas, e que um belo retrato da vida e da época estará então disponível para filhos & netos, até mesmo para bisnetos, para quem for, todos são bem-vindos (!) para ver como a vida era/é de fato agora. Pois o que sabemos de fato sobre outros tempos? Sobre o cheiro das roupas e o som das carruagens? Será que as pessoas do futuro saberão, por exemplo, como é o som dos aviões atravessando a noite, já que o avião será então coisa do passado?[2]

Como todo aquele que escreve um diário, o narrador vai se ater a fatos já ocorridos, então reapresentados no ato de contá-los, mas, como podemos comprovar na anotação de seu primeiro dia, ele está de olho nas "pessoas do futuro" – seu registro não é só para si mesmo, como em certos diários, mas também, dialogicamente, para um *target* (um público-alvo, como se diz em publicidade). Sendo assim, é preciso, como estratégia discursiva, modular a sua "fala" conforme a cultura de seu "auditório".

Essa modulação se materializa, obviamente, nas escolhas feitas pelo escritor, aquilo que ele julga de interesse narrar e aquilo que lhe parece prudente omitir, escolhas necessárias a qualquer

---

2. George Saunders, "Semplica Girl – Os Diários", *Dez de Dezembro*, p. 105.

narrativa. Toda história exige um enquadramento, assim como toda fotografia: por ser uma história, ou uma fotografia, não pode ser o que deixou para fora, o que está além de seus limites, mas o que está no interior de seus contornos.

Em outras palavras, toda história, como diz acima o narrador do conto, é o "retrato da vida e da época", e, podemos acrescentar, da "estratégia discursiva" adotada pelo seu autor. Isso é o que mais nos interessa aqui, pois em "Semplica Girl – Os Diários", George Saunders, ao mirar o consumidor americano comum, vai privilegiar no enredo elementos do universo do consumo: marcas comerciais, festas de aniversários, cartões de créditos, loterias etc.

Não por acaso escolhemos, agora, este escritor norte-americano, pouco traduzido no Brasil – "Semplica Girl – Os Diários" está inserido em seu único livro publicado no Brasil, a coletânea de contos *Dez de Dezembro* –, que tematiza com frequência os dramas da classe média urbana dos Estados Unidos, empobrecida nos últimos anos, para discutirmos, a seguir, questões relativas às lógicas de produção e às práticas de consumo contemporâneas.

Saunders é professor na Universidade de Syracuse, autor de romances, contos e ensaios, um dos escritores mais originais da literatura dos Estados Unidos – aclamado tanta pela crítica quanto pelo contingente de leitores que apreciam seu estilo, caracterizado tematicamente pela visão sarcástica da vida contemporânea, com ressonâncias kafkianas, e formalmente pelo experimentalismo narrativo – do qual "Semplica Girl – Os Diários" é um exemplo notável, como veremos.

Como um texto dialoga com outros na trama discursiva, é possível fazermos a transposição de seu domínio original para outro domínio, visando uma interação discursiva. Bettetini, estudando a linguagem audiovisual, denominou tal deslocamento de retextualização[3]. Assim, pretendemos retextualizar o mencionado conto, ou

---

3. Gianfranco Bettetini, *La Conversación Audiovisual*.

seja, investigar por meio de sua trama (domínio literário) aspectos relacionados ao consumo de bens (domínio científico).

Antes, lembremos – como já o fizemos no capítulo I – do caso clássico de Benjamin, que, em *Passagens*, explorou esse método, partindo dos poemas de Baudelaire para analisar as mudanças sociais no final do século XIX, no qual Paris, a cidade-vitrine, era o polo de exposição de mercadorias produzidas no mundo inteiro[4]. Mais recentemente, em *Paraíso do Consumo: Émile Zola, a Magia e os Grandes Magazines*, Everardo Rocha, Marina Frid e William Corbo investigam, igualmente por retextualização, como as lojas de departamentos, surgidas nesse mesmo período, colaboraram para a consolidação do consumo na modernidade.

2. AS MARCAS COMERCIAIS, A LINGUAGEM "CALCULISTA"

Se muitos escritores buscam não demarcar com precisão o tempo em suas obras, pela razão de que são dispensáveis na trama, outros, como Saunders, neste conto, não apenas especificam datas como, ao mencionar um objeto, uma mercadoria, citam também sua marca comercial, que, sabemos, é um elemento diferenciador de seu discurso, constituinte de sua própria "personalidade". Proust menciona apenas a *madeleine*, uma simples *madeleine*, como catalisadora de sua obra *Em Busca do Tempo Perdido*, mas, se nomeasse a sua marca, certamente o objetivo seria, como no caso do nome dos produtos, para lhe assegurar distinção.

O narrador de Saunders inicia seu diário, dizendo que vai escrevê-lo num caderno de capa preta comprado na OfficeMax[5]. Como busca empatia com a sociedade norte-americana, nomear marcas presentes em seu cotidiano é uma forma de criar vínculos com ela – já vimos que, não obstante tenha declarado que seus aponta-

---

4. Walter Benjamin, *Passagens*.
5. Rede norte-americana de lojas especializadas em produtos para escritório (papel, móveis e até computadores).

mentos são destinados às próximas gerações, eles tangibilizam em verdade o momento presente. Daí em diante, teremos sempre alusão, na história, às mais variadas marcas e grifes contemporâneas.

No segundo dia desse diário que, curiosamente, será interrompido um mês após seu início, o narrador afirma que "ao buscar as crianças na escola, o para-choque caiu do Park Avenue" e, na sequência, ele acrescenta "Nota para futuras gerações: 'Park Avenue' = tipo de carro"[6]. É um comentário irônico, comum na retórica mais conhecida do consumo – a publicidade –, quando o enunciador sabe que o enunciatário conhece seus estratagemas[7], como esse escritor e seus conterrâneos americanos, que comungam do mesmo cenário econômico adverso.

O fato marcante do terceiro dia, registrado em pormenores, é o aniversário de Leslie Torrini, amiga de Lilly, filha do narrador. O elemento de comparação, presente em todo e qualquer material publicitário[8], aparece em suas considerações e de toda a sua família – a casa dos Torrini é uma mansão, tem cento e vinte mil metros quadrados, seis anexos e uma horta "dez vezes maior que todo o nosso quintal", segundo Lilly. E, evidentemente, as grifes aqui são citadas, não apenas aquelas relacionadas a produtos, como os automóveis (três Ferraris, dois Porsches), mas também a objetos de cunho artístico (autógrafos de Picasso e Disney, vestido de Greta Garbo), que, evidentemente, consubstanciam a distinção[9] dessa família.

Pelas anotações no diário, saberemos que os pais de Leslie estão restaurando um carrossel histórico, que a mansão deles possui um vasto gramado e uma casa da árvore ("duas vezes o tamanho da nossa casa", conforme Thomas, filho do narrador), e outros

---

6. George Saunders, "Semplica Girl – Os Diários", p. 106. O Buick Park Avenue é um automóvel de luxo produzido pela General Motors.
7. João Anzanello Carrascoza, *Estratégias Criativas da Publicidade. Consumo e Narrativa Publicitária*.
8. *Idem*.
9. Pierre Bourdieu, *As Regras da Arte*.

detalhes "nobres", como o peixe servido na festa (vindo de avião da Guatemala) e o condimento usado em seu preparo (proveniente de uma região de Myanmar, obtido à base de suborno).

Esse episódio é, sem dúvida, uma espécie de antecipação das diferenças de consumo entre a família de Leslie Torrini e a do narrador, uma vez que, dias depois, será comemorado o aniversário de Lilly, quando esse descreverá as suas limitações financeiras, suas dívidas, as dificuldades de equilibrar o orçamento doméstico.

Nesse caso, também, as bandeiras dos cartões de créditos são mencionadas, bem como a impossibilidade de usá-los: "Visa estourado. Também AmEx estourado e Discover quase"[10].

Outras marcas comerciais serão citadas ao longo da história: de hambúrguer (Burger King), doce (Butterfinger), automóvel (BMW), comida mexicana (Señor Tasty's), tintas (Home Depot), entre outras, além da Greenway Paisagismo, que tem uma função vital no enredo, pois é onde o narrador encomendará o projeto de um novo jardim para a casa, a ser inaugurado, em festa surpresa, no dia do aniversário de Lilly.

Saunders revela virtuosismo formal e se vale de numerosos recursos de linguagem para narrar suas histórias em *Dez de Dezembro*. Em "Semplica Girl – Os Diários", uma vez tematizando as mazelas financeiras de uma família americana média, o escritor busca "convencer" o leitor de seu drama com expedientes explicativos que lembram os lugares, ou os "topos", conforme a denominação de Aristóteles[11]. Mas Saunders não explora os lugares de quantidade e qualidade, tão bem estudados por Perelman e Olbrechts-Tyteca em *Tratado da Argumentação: A Nova Retórica* e presentes em textos publicitários focados em argumentos racionais[12], nem os lugares-comuns, igualmente fre-

---

10. George Saunders, "Semplica Girl – Os Diários", p. 121.
11. Aristóteles, *Tópicos*.
12. João Anzanello Carrascoza, *Razão e Sensibilidade no Texto Publicitário*.

quentes na publicidade, a ponto de, não raro, se tornarem incomuns pelo seu emprego criativo em novos contextos ou junto a imagens polissêmicas.

O escritor utiliza unicamente a linguagem dos sinais aritméticos, como "lugar específico" de argumentação, para assinalar o cenário de decadência econômica de seus personagens. Assim, como já vimos, logo nas primeiras linhas, o narrador afirma que "Park Avenue = tipo de carro". Mais adiante dirá, ao comentar sobre a arte "capenga" nas paredes de sua casa, que se um jovem artista pintasse retratos da família, deveria entregar-lhes já emoldurados, pois as molduras custam caro, o ideal não seria "moldura = parte do presente?" Ao encontrar uma lista de possíveis presentes que a filha gostaria de ganhar de aniversário, todos eles acima de trezentos dólares, ele se pergunta "de onde garota de doze anos tira ideia de que US$ 300 = preço adequado para presente de aniversário?"

Esse expediente se repetirá em quase todos os dias registrados no diário pelo narrador. Vejamos alguns exemplos: o projeto do novo jardim que ele solicita à Greenway Paisagismo, para inaugurar na festa surpresa de aniversário de Lilly, deve incluir "dez roseiras + alameda de cedros + laguinho + pequena banheira + arranjo de quatro SGs!" Ao mencionar a vida de solteira de sua mulher, Pam, dirá que ela

[...] não nasceu rica. Pai de Pam = fazendeiro em pequena cidade. Ele tinha a maior fazenda nos arredores da pequena cidade. Então, em comparação com garotas de fazendas menores e mais pobres, Pam = garota rica[13].

Noutro trecho do enredo, emparedado pelas dívidas, o narrador pedirá à mulher que ela tente obter dinheiro com o pai, sogro a quem ele denomina de "Fazendeiro Rich":

13. George Saunders, "Semplica Girl – Os Diários".

Pam ligou para Fazendeiro Rich, implorou a Fazendeiro Rich. Fazendeiro Rich esculachou Pam no telefone por causa dinheiro, por causa toda nossa história com dinheiro, i.e., toda nossa postura de vida = desperdício. Fazendeiro Rich disse para não pedirmos de novo. Tínhamos despencado no seu conceito devido a movimento inicial estúpido + subsequente demonstração desesperada de soberba na tentativa de retificar o movimento inicial estúpido de maneira idiota. Então isso = isso[14].

O narrador faz uma utilização estratégica, para a história, desses sinais matemáticos, quase sempre relacionado-os à falta de dinheiro, elemento principal – ainda que não único – para garantir à família o consumo (de itens de primeira necessidade e também supérfluos). Embora sejam evidentemente explorados como uma crítica à desigualdade, esses sinais, se não estão invertidos no conto, são bem distintos da maneira como os emprega Adonis, por exemplo, em duas passagens de seu poema "Tumba para Nova York":

NOVA YORK = I. B. M + SUBWAY vindo da lama e do crime,

indo para a lama e o crime.

NOVA YORK = buraco nas camadas da terra de onde flui a

loucura em rios caudalosos.

[...]

NOVA YORK + NOVA YORK = a tumba ou qualquer coisa que

venha da tumba,

NOVA YORK – NOVA YORK = o sol[15].

O emprego de sinais matemáticos, que se mostra tão apropriado ao diário de um americano imerso em problemas financeiros, nos faz igualmente pensar nos recursos de linguagem,

---

14. *Idem*, p. 154.
15. Adonis, "Tumba para Nova York", *Poemas*, pp. 146-156.

adequados ou não, presentes nas histórias que a publicidade ficcionaliza para personalizar e distinguir as marcas anunciantes.

Por exemplo, o uso do preto e branco em autoanúncios de jornais, embora as reportagens nesses meios sejam hoje em cores, costuma ser uma tendência quando os veículos de imprensa buscam se "posicionar" discursivamente como corporações "a serviço da "verdade". Basta conferirmos os anúncios da *Folha de S. Paulo* (Fig. 8) e do *The New York Times* (Fig. 9).

Figura 8: Anúncio do jornal *Folha de S.Paulo*.

Essa utilização de um mesmo recurso de linguagem em materiais publicitários de anunciantes do mesmo segmento demonstra que *1.* tal recurso é matéria-prima, no polo da produção, do discurso elaborado pelos profissionais de criação, e, em seguida, no polo do consumo, uma prova, junto ao leitor, do compromisso histórico e fundador dos jornais com a "verdade" e; *2.* que as marcas, por vezes, atuam, por meio da manutenção de seu universo simbólico, com uma estética que poderíamos chamar de gênero – assim como temos no campo literário os gêneros policial, drama, aventura etc. Em outras palavras: recurso de linguagem + publicidade de uma marca + publicidade de outra marca (do mesmo segmento) = lugar onde se dá a distinção. Estrategicamente, distinção = utilização, eis a ironia, dos mesmos recursos de linguagem.

The truth is hard.
The truth is hidden.
The truth must be pursued.
The truth is hard to hear.
The truth is rarely simple.
The truth isn't so obvious.
The truth is necessary.
The truth can't be glossed over.
The truth has no agenda.
The truth can't be manufactured.
The truth doesn't take sides.
The truth isn't red or blue.
The truth is hard to accept.
The truth pulls no punches.
The truth is powerful.
The truth is under attack.
The truth is worth defending.
The truth requires taking a stand.
The truth is more important now than ever.

Figura 9: Anúncio do jornal *The New York Times*.

3. CARTÕES DE CRÉDITO, DÍVIDAS, LOTERIA

Ainda que o consumo não possa mais ser compreendido apenas como aquisição de mercadorias – concepção redutora de cunho estritamente mercadológico, mas hegemônica até duas décadas atrás –, não há como, da mesma forma, dissociá-lo das materialidades, das práticas culturais e das variadas formas de uso e interação social dos objetos.

Por isso, não podemos desprezar, no conto de Saunders, aqui retextualizado para o estudo do consumo, passagens norteadas 1) pela compra prosaica de bens, relatada pelo narrador, para garantir a satisfação de sua família, e 2) pela utilização (consumo) cotidiana de variados tipos de produtos.

Não por acaso, García Canclini afirma que o consumo proporciona a inclusão social, viabilizada (embora nem sempre) pelos recursos financeiros, mas, quando estes são escassos para o indivíduo (consumidor), ele tem a opção de recorrer ao crédito oferecido pelas instituições monetárias[16]. O cartão de crédito, criado nos anos 1950 nos Estados Unidos, tornou-se ao longo das décadas seguintes uma das formas mais comuns – e perversas – de se adquirir bens e/ou serviços sem que o sujeito tenha dinheiro no ato da compra, já que a sua principal vantagem é a concessão de um prazo para o pagamento. Essa "vantagem" produz também o veneno que transforma a alegria momentânea do consumidor em sua futura angústia como devedor. Cartão de crédito = juros altos. Juros altos = cartão de dívidas. Dívidas = + dívidas.

O narrador da história em questão escreve em seu diário, inclusive, algumas linhas esclarecedoras sobre a situação crítica de quem cai nos juros dos cartões de crédito:

---

16. Néstor García Canclini, *Consumidores e Cidadãos: Conflitos Multiculturais da Globalização*.

Anotação para futuras gerações: Em nossa época, existem coisas chamadas cartões de crédito. Empresa empresta dinheiro, você paga de volta com altas taxas de juros. É bacana quando você realmente não tem dinheiro para fazer coisa que quer fazer (por exemplo, comprar guepardo extravagante). Seguro aí em seu tempo futuro, você poderá dizer: Não seria melhor simplesmente deixar de comprar coisa que você não tem condições e bancar? Para vocês é fácil dizer! Vocês não estão aqui, neste nosso mundo, com filhos, filhos que a gente ama, enquanto outras pessoas estão proporcionando coisas boas para os filhos delas [...][17].

Como dissemos, Lilly deixa uma lista de presentes que gostaria de ganhar em seu aniversário, para que os pais escolham um deles, e, também já pontuamos, o narrador comenta que não poderá se valer de seus cartões de créditos, pois, ainda que ele não explicite, sabemos que seus cartões de créditos no momento = cartões de dívidas. Ainda assim, em concílio com sua mulher, ele seguirá com a ideia de fazer uma festa surpresa para a filha, e, para tal, como se não bastasse os presentes listados, sempre em torno de US$ 300, resolve "bancar" a criação de um novo jardim na casa.

Esse comportamento, típico daquele que "consome" além do que pode "comprar", nos leva à tese de Giannetti da Fonseca em sua obra *O Valor do Amanhã*. Economista + filósofo, esse autor apresenta a ideia de que, na conjunção macroeconômica mundial, os juros resultam de trocas temporais, uma vez que "a vida é breve, os dias se devoram e nossas capacidades são limitadas"[18]. Da mesma forma, os recursos capazes de realizar nossos desejos são limitados, e não há como atender aos desejos de todos a um só tempo. Da relação entre desejos e recursos ante o tempo resultam duas categorias: 1) os devedores, que escolhem satisfazer seus desejos hoje (valendo-se de recursos do futuro) e

17. George Saunders, "Semplica Girl – Os Diários", p. 121.
18. Eduardo Giannetti da Fonseca, *O Valor do Amanhã*, p. 21.

pagar a conta amanhã, e 2) os credores, que optam por satisfazer seus desejos não agora, mas no tempo porvir.

Portanto, os juros são o "prêmio" para os credores, que aceitam gastar os recursos hoje para satisfazer seus desejos amanhã, e o "custo" para os devedores, que não querem esperar para realizar seus desejos, mas terão de pagar adiante por essa satisfação. E "a tensão entre presente e futuro – agora, depois ou nunca – é uma questão de vida ou morte que permeia toda a cadeia do ser"[19], lembrando-nos também da escritura dos diários que, de certa forma, expressam esse conflito entre o vivido e por viver. Já em sua obra *Vida para Consumo*, Bauman afirma que vivemos numa sociedade líquida de consumidores, posterior à sociedade sólida-moderna dos produtores – e talvez ela "seja a única na história humana a prometer a felicidade *na vida terrena, aqui e agora* e a cada 'agora' sucessivo. Em suma, uma felicidade *instantânea e perpétua*"[20].

O narrador de "Semplica Girl – Os Diários", ansioso pela realização de seus desejos – de sua família, precisamente – opta, mais uma vez, pelo "custo" de sua escolha e não pelo "prêmio". Ou melhor, opta por viver agora e pagar amanhã, e não por pagar hoje e viver depois. Mas há ainda uma questão para além das duas alternativas possíveis aventadas por Giannetti da Fonseca: ambas são pautadas pela satisfação (hoje ou amanhã) dos desejos, assim como pelo dispêndio (hoje ou amanhã) dos recursos. A escolha, no fundo, está associada mais à impaciência, daí porque é uma troca regida pelo tempo, do que à própria realização dos desejos, pois esses, mesmo com o dispêndio dos recursos, podem não ser satisfeitos. E esse é o pior resultado dentre as possibilidades – e aquele que, de fato, acontecerá com a família protagonista da história de Saunders. O personagem-narrador está disposto a pagar depois e "consumir" no tempo presente o

19. *Idem*, p. 43.
20. Zygmunt Bauman, *Vida para Consumo. A Transformação das Pessoas em Mercadoria*, p. 60. Grifos do original.

novo jardim de casa, feito pela Greenway, do qual fazem parte, como um ousado elemento decorativo, as SGS (Semplica Girls). Mas eis que, dias depois de instaladas, as SGS são roubadas.

E o que são as Semplica Girls? Pelas palavras do narrador, vamos descobrir que são garotas de países pobres que, na condição de objetos, ornamentam o jardim dos ricos americanos. A ironia, para não dizer o horror, é a maneira como são dispostas à frente das casas: um microfio passa por suas cabeças e as liga umas às outras, que, uma vez içadas do chão, ficam em exibição, tal qual as antigas estátuas de duendes de jardins. Inconscientes em seus postos, as SGS, invenção do médico Lawrence Semplica (médico brilhante = Dr. Frankstein?), pelo menos não sentem dor.

Figura 10: Ilustração das SGS feita por Martin Ansin.

Sob a luz dessa informação, o conto ganha o matiz cruel da exploração humana e nos obriga a pensar se o "cotidiano" dessas jovens não é o pagamento antecipado de uma satisfação futura – uma vida melhor, de volta ao seu país. Também nos impõe a refletir sobre aqueles, como nas versões televisivas do Big Brother, que se deixam ser "consumidos" diariamente, ao vivo, pela curiosidade de um público que prefere dispor de seu tempo – recurso escasso e limitado – assistindo às mazelas alheias e realizando, assim, quem sabe, um desejo cabotino de seu "eu".

Mas as SGs roubadas representam um prejuízo para a família, que terá de pagar um "débito de reposição" – está no contrato! – se elas não forem encontradas em três semanas. Motivo pelo qual Pam, a pedido do marido, pedirá dinheiro emprestado ao pai, o Fazendeiro Rich.

Outro aspecto instigante da história para a discussão do consumo é certa emulação que move os indivíduos a acumular bens, como se estivessem disputando o tempo todo, em sua comunidade, o posto do mais rico, ou ao menos a "imagem" do mais rico. Em "Semplica Girl – Os Diários", a ideia de instalar SGs no novo jardim de casa nasce do espírito comparativo do narrador que, passeando pelos bairros de classe mais alta, descobre que 39 das cinquenta casas ali as ostentam – o que haveria de resultar, aqui e ali, em projetos megalomaníacos: "No cruzamento da Waddle Duck, um arranjo de oito SGs: SGs de mãos dadas, belo efeito (como fileira de bonecas recortadas no papel). Todas parecem estar cantando juntas"[21]. No entanto, o projeto do novo jardim, solicitado por ele à Greenway, inclui quatro SGs, o que demonstra o seu (falso) alto poder de compra e sua (falsa) privilegiada condição financeira. Não deixa de ser assombroso que meninas pobres, transformadas em objetos decorativos do lado de fora das casas, possam gerar o desejo de consumo e fomentar o espírito de competição.

21. George Saunders, "Semplica Girl – Os Diários", p. 137.

O consumo gera pertencimento[22] e, não gratuitamente, a rica Leslie só aparece na casa de Lilly, coisa que jamais o fizera, depois de saber que lá havia sgs no jardim, junto ao laguinho. Aliás, Leslie imediatamente telefona para a mãe, pedindo também um laguinho. A emulação, a competição por consumir mais, está presente em muitos trechos do conto, carreada pelos mais diversos personagens.

Mas, se a família do narrador, conforme sabemos pelo seu diário, está em apuro econômico, como custear a festa e o presente de aniversário da filha, ou melhor, como sair do domínio do sonho e ir para o plano da realização? Bem, a "virada" se torna possível graças a um prêmio de loteria. O narrador, sempre a tentar a sorte na raspadinha, compra um bilhete, e eis que, de repente, ganha "dez mil pratas". Não sem ironia, ele escreverá em seu diário a respeito dessa súbita mudança:

[...] sexta-feira dia mais incrível da minha vida! Não preciso nem anotar, pois nunca esquecerei esse dia estupendo! Mas vou registrar para as futuras gerações. Será bom para elas saber que a boa sorte e a felicidade são reais e possíveis! Na América de meu tempo, quero que saibam, tudo é possível![23]

Vale lembrar que as loterias permitem a obtenção de dinheiro por meio de sorteio, e quem aposta, retomando o tema do consumo, visa o ganho para adquirir bens e serviços e/ou pagar dívidas contraídas. As categorias de Giannetti então se reapresentam, posto que, agora com dinheiro no bolso, o narrador pode domar sua paciência e ser credor (deixar a realização do desejo para amanhã) ou seguir como devedor (satisfazer seu desejo hoje e postergar o pagamento).

---

22. Néstor García Canclini, *Consumidores e Cidadãos: Conflitos Multiculturais da Globalização.*
23. George Saunders, "Semplica Girl – Os Diários", p. 125.

A dúvida, que envolve essa troca temporal, persiste apenas até que ele chegue em casa, onde contará com a opinião da mulher para decidir como usará o dinheiro: "aquela noite na cama Pam disse usar uma parte para saldar os cartões de crédito? Meu sentimento era ok, era possível. Mas não me deixava empolgado, e também nem ela estava tão empolgada"[24]. É então que o casal decide investir no projeto do novo jardim da casa, a ser inaugurado com uma festa surpresa para Lilly, um presente tanto para ela quanto para toda a família.

Pensando, mais adiante, na satisfação que o prêmio da raspadinha trouxe para seu cotidiano, o narrador afirma que sabe administrar bem a sorte. Não vai comprar barco, ou drogas, procurar amantes, ficar metido, perder as estribeiras. Não, o sentimento positivo, vindo do bilhete premiado, e o uso do dinheiro para agradar especialmente a filha, deve ser estendido a outras áreas da vida, que ele enumera:

Ter vida mais saudável, passar a vestir melhor. Aprender violão? Fazer questão de perceber a beleza do mundo? Por que não aprender a respeito de pássaros, flores, árvores, constelações, me tornar verdadeiro cidadão do mundo natural, caminhar pelo bairro c/ crianças [...] Por que não levar as crianças para a Europa? Elas nunca foram. Nunca estiveram nos Alpes, nunca tomaram chocolate quente em café nas montanhas [...][25].

Em suma, os recursos têm apenas um destino: o consumo. Tanto o material quanto o simbólico.

4. NA HISTÓRIA VIVIDA, O VALOR DO FUTURO

Os diários, assim como qualquer outro tipo de relato, ficcional ou não, são escritos por meio de uma estética metonímica.

---

24. *Idem*, p. 126.
25. *Idem*, p. 134.

Como toda narrativa, a publicitária, aquela mais explicitamente voltada para as práticas de consumo, tem os seus enquadramentos escolhidos, sem dúvida, em função das intenções, conscientes ou não, de seu narrador.

Na trama do conto "Semplica Girl – Os Diários", pudemos ver claramente a centralidade do consumo e alguns de seus aspectos, como o sentimento de pertencimento, a sociabilidade, a construção da "imagem" financeira de uma família, além de aspectos perversos, como a sujeição humana no polo da produção de "bens", com a invenção do médico Lawrence Semplica. O narrador, inclusive, nos conta com detalhes o trabalho de manutenção das SGs: "equipe do LifeStyleServices (i.e., pessoal da Greenway que vem 3x/dia dar água/comida para SGs, levar SGs ao banheirinho no fundo da van, tratar de probleminhas femininos etc. etc.) trabalhando duro no jardim"[26]. Também nos conta as mazelas de cada uma das SGs e as razões que as moveram a sair de seus países (Gwen é da Moldávia, Betty de Filipinas, Lisa da Somália e Tami do Laos) para ganharem a vida daquela maneira.

É fundamental ressaltar, de volta à tese de Giannetti da Fonseca, que a história de cada indivíduo revela, na sua variável posição de ora devedor ora credor, suas escolhas em relação à satisfação (no presente ou no futuro) de seus desejos e ao emprego de seus recursos (igualmente agora ou depois). Podemos "ler" em suas opções diárias, que resultam em sua "escrita" de vida, o valor que dá para o seu tempo, além de seu "belo" retrato de consumidor de uma época. E Bauman lembra que, em nossa era, "a sociedade de consumo prospera enquanto consegue tornar *perpétua* a *não-satisfação* de seus membros"[27].

Em um de seus poemas, Kaváfis nos diz que

---

26. *Idem*, p. 133.
27. Zygmunt Bauman, *Vida para Consumo. A Transformação das Pessoas em Mercadoria*, p. 64. Grifos do original.

[...]
os dias do futuro se erguem à nossa frente
como círios acesos, em fileiras[28].

enquanto os dias vividos estão lá trás, numa triste fila de círios apagados. O poeta se aflige por não saber quanto círios estão acesos adiante, por não querer ver como cresce depressa a fileira sombria dos círios apagados. Assim como consumimos nossos dias, somos por eles consumidos. No jardim do mundo midiático, somos a um só tempo os felizes habitantes das casas e as tristes SGs içadas para agradar a nossa vista da janela. Dias + dias = vida. Vida + consumo e consumo − vida = morte.

28. Konstantinos Kaváfis, *Poemas*, p. 99.

x. A Enorme Mídia: A Vida Cotidiana numa História de John Cheever[1]

I. DA VIDA PARA O VÍDEO. E VICE-VERSA

Se Jorge Luis Borges encontrava seus temas e sua "inspiração" no mundo dos livros, caminhando, apoiado em seu báculo, entre os corredores labirínticos de uma imaginária Biblioteca de Babel, Manuel Bandeira extraía do cotidiano prosaico – presente, no Rio de Janeiro, ou passado, no Recife – a matéria-prima para os seus poemas. Não importa, em verdade, sabermos em detalhes a poética de um artista, aqueles elementos constitutivos e viscerais de seu ofício, mas a qualidade do que dela resulta, a sua estética, os traços singulares que o diferenciam de outros criadores.

A arte, como propõe Rilke, é a experiência transformada em algo sensível[2]. E, para essa "transformação", os mais variados materiais podem ser utilizados. O escritor inglês Ian

---

1. Publicado originalmente com o título "O Enorme Rádio, A Vida Cotidiana e a Publicidade num Conto de John Cheever", *Líbero*, ano XXIII, n. 46, pp. 127-138, jul/dez 2020.
2. Rainer Maria Rilke, *Os Cadernos de Malte Laurids Brigge*.

McEwan, no texto *Apostasia Ficcional*, ao expor suas dúvidas em relação à fé na literatura, diz: "quando o deus da ficção deserta você, tudo tem que ser abandonado". Ou seja, o escritor tem de voltar a si, à sua leitura do mundo, para, então, proceder à sua reescritura. Nesse retorno, após uma estação descrente, McEwan afirma: "tudo que foi absorvido e meditado durante meses sem fé [...], você pode levar com você e colocar em uso quando voltar mais uma vez para a única fé verdadeira".

Sim, "tudo" pode ser arrastado pelo artista para a sua composição – outras obras, complexas e engenhosas (a exemplo de Borges); ou coisas simples, da vida corriqueira e menor (o caso de Bandeira). Essas duas linhas de força criativas são analisadas por Oliveira em seu estudo sobre a poesia portuguesa contemporânea. A primeira delas, a lírica subterrânea, contempla predominantemente aquilo que é estranho e desconhecido – poderíamos acrescentar aquilo que se refere à metafísica; e a segunda, a lírica da superfície, que se assenta em fatos e fenômenos do cotidiano – portanto, a existência mundana[3].

Investigamos, em outra ocasião, a presença de ambos vetores na criação publicitária[4], mas, aqui, centraremos nossa lente unicamente na lírica de superfície explorada pela mídia, embora abrindo nossa abordagem para tratar de algumas de suas interfaces com o consumo. Assim o faremos a partir do conto "O Enorme Rádio", do ficcionista norte-americano John Cheever, que, não obstante o título, não nos limita a observar o consumo de representações da vida social no campo da radiodifusão, mas a expandi-lo para o aparato midiático como um todo.

---

3. Nelson de Oliveira, Axis Mundi. *O Jogo de Forças na Lírica Portuguesa Contemporânea*, pp. 48-49.

4. João Anzanello Carrascoza, "Poesia: Um Diferencial para a Produção e o Consumo de Publicidade", *Estratégias Criativas da Publicidade. Consumo e Narrativa Publicitária*.

2. A LÍRICA DA SUPERFÍCIE: A VIDA COMO ELA É NA MÍDIA?

John Cheever, nascido numa família branca, anglo-saxã e puritana de Massachusetts, destacou-se como contista e romancista nos Estados Unidos, publicando suas principais obras entre as décadas de 1950 e 1970. Quando morreu em 1982, era um escritor celebrado em seu país: a revista *The New Yorker*, por exemplo, considerava-o uma das maiores figuras literárias das últimas décadas.

A maior parte de sua ficção se divide entre os espaços suburbanos em torno da metrópole (Manhattan) e as cidadezinhas de New England – realçando, em suma, as tradições culturais das pequenas comunidades. Dentro desses territórios estreitos, Cheever tematizava o cotidiano americano e o indivíduo alienado, exprimindo a sua nostalgia por um estilo de vida que se extinguia com o avanço econômico do pós-guerra, o crescimento das cidades e a expansão dos meios de comunicação de massa.

Não por acaso, Cheever foi rotulado de "o Tchekhov americano" e, como aponta Conti,

[...] colados à realidade, seus melhores contos soam como críticas inexoráveis do vazio de seus personagens, das vidas anódinas a que estão condenados. Ainda assim, em situações extremas, e por meio de rupturas líricas da narrativa realista, Cheever abre caminho para epifanias: a existência não seria só isolamento sem sentido; o amor, as relações familiares e a natureza, transformados pela arte, são motivos de alumbramento[5].

A história "O Enorme Rádio", que tão bem ilustra seus traços estilísticos e seu poder narrativo, foi publicada em 1953, poucos anos depois de *1984*, de George Orwell, com o qual, de certa forma, mantém um acoplamento ficcional. Vamos, então, des-

---

5. Mario Sérgio Conti, "Prova Invencível", em *John Cheever, 28 Contos*, p. 8.

dobrando-a aqui e, assim, concomitantemente, dela nos valendo para fazer nossa investigação.

Jim e Irene Westcott, protagonistas do conto, pertenciam, como pontua o narrador, "àquele grupo social que parece ter atingido a média satisfatória de renda, esforço e respeitabilidade encontrada nos relatórios estatísticos sobre pessoas com curso superior"[6]. Casados há quase dez anos, com dois filhos pequenos, à diferença de seus amigos e vizinhos, gostavam de música clássica. Iam frequentemente a concertos e, por longo tempo, ouviam música no rádio. Tinham um aparelho antigo que, por vezes, exigia um tapa para funcionar melhor.

Mas, num domingo, quando ouviam Schubert, o aparelho silencia definitivamente. Jim, então, promete a Irene que compraria um novo rádio – e aí é que o conto tem o seu *plot point* (ponto de virada). Este ponto, segundo Field, ao teorizar sobre a arte do roteiro cinematográfico – formato no qual a narrativa ficcional encontrou um novo território de difusão –, surge logo depois da apresentação dos personagens da história e, por meio dele, instala-se o conflito[7]. E o conflito, realçamos aqui, é o que move a trama de uma história. O enredo – como podemos notar pela sua semântica – é o que consubstancia o enredamento do leitor, é a "rede" que captura a sua atenção e busca proporcionar a empatia, formada, fundamentalmente, pelos nós conflituais da história.

Não por acaso, sabemos com Propp, que as narrativas eclodem para reparar um dano – e sua trama se espraia em ações que tentam produzir a reparação[8]. É assim nesse conto de Cheever, em que o novo aparelho comprado por Jim (em substituição ao velho, que quebrou) trará um conflito para a família, vivenciado, sobretudo, por Irene, como veremos.

6. John Cheever, "O Enorme Rádio", *28 Contos*, p. 36.
7. Syd Field, *Manual do Roteiro*.
8. Vladimir Propp, *Morfologia do Conto Maravilhoso*.

E assim é também nas peças de propaganda dionisíacas, como se denominam os anúncios impressos, *spots* de rádio e filmes publicitários que contam histórias e seguem o cânone das obras ficcionais, posto que visam persuadir o público por meio da emoção[9]. O produto aparece nas narrativas da publicidade, quase sempre, para reparar um dano – a sujeira na casa (detergentes), o peso acima do normal (comidas *diet*), a falta de dinheiro (bancos) etc.

Pois bem: em "O Enorme Rádio", tão logo o novo aparelho é entregue em casa, Irene impressiona-se com a feiura desse grande móvel de pinho e se sente "confusa com o grande número de botões no painel". O objeto não combina com os móveis da sala, assume uma posição de "intruso agressivo em meio a seus bens mais íntimos". É o "estranhamento" normal diante de algo novo, coisa que, igualmente, a publicidade explora, mercantilizando em suas campanhas.

Mais tarde nesse dia, depois que as crianças já haviam tomado banho e jantado, Irene liga o rádio e sua opinião se altera, o incômodo cede lugar ao prazer: ao ouvir no novo aparelho um quinteto de Mozart, o som lhe parece bem mais puro e claro que o antigo. Contudo, enquanto a dona de casa aprecia a música, começa uma interferência que se materializa em contínuos e subsequentes ruídos: um estalido, semelhante ao de um pavio aceso; o som de cabos de um elevador; o abrir e fechar de portas; o discar de telefones e o "lamento de um aspirador de pó". Prestando mais atenção, Irene ouve, saindo dos alto-falantes do rádio, junto à música de Mozart, sons das campainhas das portas, dos barbeadores elétricos e das batedeiras dos apartamentos vizinhos. E, uma vez que é incapaz de se livrar deles, desliga o aparelho, aborrecida.

Essa "invasão" em sua própria casa da privacidade alheia (ou, melhor dizendo, do funcionamento dos objetos alheios) não incomoda apenas Irene, mas também o marido, que, ao chegar em casa

---

9. João Anzanello Carrascoza, *Razão e Sensibilidade no Texto Publicitário*.

naquela noite e ligar o rádio novo, vai escutar igualmente ruídos – discerníveis com facilidade – de aparelhos das outras casas, embora, àquela hora, os barbeadores elétricos já estivessem desligados e os aspiradores de pó retornados aos armários: a interferência, conforme pontua o narrador, era produzida por outras sonoridades, mostrando "aquela mudança de ritmo que ocorre na cidade depois que o sol se põe". Tão indignado quanto à mulher, por não poder desfrutar tranquilamente da música de concerto que apreciava, Jim decide cobrar uma providência de quem lhe vendeu o aparelho. E, de fato, no dia seguinte, um técnico vem consertar o rádio.

Irene, que primeiro o escuta depois de consertado, nota, entre uma gravação da "Missouri Waltz" e uma música caucasiana, que, além do som de campainhas, podia distinguir, ao fundo, vozes que se misturavam. E é a partir daí que o simples barulho de objetos – objetos que poderiam pertencer a qualquer um dos moradores daquele edifício residencial – permite ao casal, mesmo que esse não queira, identificar os seus donos, passando, assim, a "perceber" dentro de sua casa, pelo rádio, o que estava acontecendo naquele momento nos apartamentos vizinhos.

A descoberta é assustadora: Irene e Jim, após o jantar, escutam uma conversa, a discussão de um casal, que termina com um palavrão vindo da parte do homem. Jim diz: "deve ser uma novela". Mas sua mulher hesita. Ele procura outra estação e ambos ouvem outro casal conversando, de forma também não muita amistosa. Gira o botão do rádio novamente e, então, escutam uma voz feminina, com sotaque inglês que Irene reconhece: "Meus Deus", ela exclama, "Essa é a babá dos Sweeney". E, em seguida, "Desligue isso [...]. Talvez eles possam nos ouvir".

Relevante, para nós, é como Irene se expressa: o que lhe parece invasivo não é ouvir o que se passa na casa dos outros (daí a ordem para que o marido desligue o rádio), mas que os vizinhos tenham, da mesma forma, um rádio no qual possam ouvir o que se passa em sua casa.

Se na esfera da lírica de superfície o cotidiano pode ser explorado com sensibilidade pelos escritores, como Bandeira – e, naturalmente, por outros artistas (músicos, pintores, dramaturgos etc.) –, resultando numa reescritura, como vimos com McEwan, o seu deslizamento frio, como efeito distópico, constitui um tipo de "voyeurismo", de intrusão nas mazelas de outrem. Assim, convictos de que não são ouvidos pela babá dos Sweeney e nem pelos demais moradores do prédio, Irene e Jim se põem a escutá-los. Divertem-se, a cada mudança de estação, em identificar quem seriam eles: "Esses devem ser os Fuller, no 11-E", diz Irene. Uma vez reconhecidas as vozes, o interesse cessa, e Irene já quer mais novidade e diz ao marido: "Veja se consegue pegar aquela gente do 18-C".

Depois de ouvir

[...] um monólogo sobre a pesca de salmão no Canadá, um jogo de *brigde*, os comentários que acompanharam o filme caseiro sobre o que parecia ter sido uma quinzena de férias em Sea Island, e a amarga briga doméstica por causa de um saque a descoberto no banco[10].

o casal desliga o rádio e vai para a cama, rindo sem parar.

Contudo, para Irene, a consciência de que a vida dos outros reserva também camadas de dor capazes de arrastar para o abismo quem deles se aproxima – quando a lírica subterrânea (com o peso dos dramas existenciais) sobe à superfície – não demora a surpreendê-la. Isso porque, no meio dessa mesma noite, atendendo ao pedido de um de seus filhos para que lhe traga um copo d'água, ela passa pela sala de visitas e, curiosa, liga o rádio. Escuta, então, a tosse e as palavras de uma mulher para o marido, ambos de meia-idade, lamentando a sua doença, a decisão de não procurar outro médico, as despesas com saúde que "já são terríveis" para eles.

10. John Cheever, "O Enorme Rádio", p. 40.

Irene se dá conta, ao contrário da letra da música "Acontecimentos", do poeta Antônio Cícero e de Marina Lima, de que, quando anoitece, não é só "festa no outro apartamento" – o sofrimento também lá reside. Claro, o dia a dia representado pela publicidade é, predominantemente, feliz, a realçar, nas palavras de Toscani, que "sobre este planeta extraordinário, a vida é bela"[11].

Se é verdade que Toscani engrossa os traços de suas críticas, por exemplo, ao amanhecer registrado pela publicidade,

[...] pela manhã, mamãe passa um creme miraculoso sobre o rosto com suas mãos suaves e embelezadas pelos produtos de limpeza [...], papai, todo fogoso devido aos cigarros de caubói, [...] deseja-a como no primeiro dia [...], as crianças correm cheias de alegria para fazerem o dever da escola[12].

Também é verdade que a propaganda quase sempre expressa esse amanhecer de forma "idealizada", silenciando as nossas "reais" vicissitudes.

Digamos que, em essência, a publicidade aciona, na economia global dos discursos, as formações discursivas voltadas para o lado menos sombrio da existência – daí a quantidade e a potência de campanhas publicitárias que acionam, em geral por meio do humor, a lírica de superfície. A construção de territórios ficcionais, como a Terra de Marlboro, mais afeitos ao sol que às trevas, é constitutiva da "filosofia" publicitária.

Mas Irene não ignora que as trevas se alternam com a luz – e são inevitáveis. Tanto que, na manhã seguinte, tão logo Jim e os filhos saem de casa, ela liga o rádio. Não foi afetada tão somente pelo lado divertido de adivinhar os movimentos cotidianos dos vizinhos, mas, também, pelo seu avesso – os dramas que

11. Oliviero Toscani, *A Publicidade É um Cadáver que nos Sorri.*
12. *Idem*, p. 15.

a eles cabe enfrentar. Aos poucos, o exercício de sua escuta se torna inquietante:

Irene continuou a girar o botão e invadiu a privacidade de várias mesas durante o café da manhã. Ouviu demonstrações de indigestão, amor carnal, vaidade sem limite, fé e desespero. A vida de Irene era quase tão simples e protegida como parecia ser, e a linguagem direta e às vezes brutal que vinha do alto-falante naquela manhã a surpreendeu e perturbou[13].

Em programas televisivos de formato padrão, que se espalham pelo mundo em versões locais, como *Big Brother* – inspirado no personagem Grande Irmão, do romance *1984*, lançado na mesma época de "O Enorme Rádio", como apontamos –, nesses espaços midiáticos vigorosamente explorados pela publicidade, o público pode ver os participantes cotidianamente em "demonstrações de indigestão, amor carnal, vaidade sem limite, fé", entre outras, arroladas pelo narrador do conto, mas não de "desespero". A aleivosia da superfície sufoca totalmente a angústia da existência subterrânea.

3. A DIVERSÃO DÁ LUGAR À APOSTASIA

Então, perturbada pelo que ouve – a mescla de conversas entre a leveza das festas e o peso das perdas vividas pelos vizinhos –, Irene precisa identificar os seus protagonistas, buscar o rosto para as vozes que a fazem, de forma obsessiva, girar o botão do rádio e sintonizar suas frivolidades e amarguras.

No elevador, ao sair para o almoço com uma amiga, depara-se com várias mulheres. "Qual delas estivera em Sea Island? Quem teria sacado mais do que possuía em sua conta bancária?", ela se pergunta, e, se não obtém nenhuma resposta, quando o elevador para num certo andar, descobre, inesperadamente, quem es-

---

13. John Cheever, "O Enorme Rádio", p. 41.

cutava a *Missouri Waltz* no dia anterior – uma mulher, usando uma pele de marta, entra com dois cães, cantarolando-a baixinho. Atraída por aquela grade de "programação" da vida íntima dos moradores de seu edifício, Irene logo retorna para casa e passa a tarde sintonizando "tudo" o que ali se abre para os seus ouvidos. À medida que as horas avançam, as conversas se tornam mais intensas e variadas, descortinando as primeiras páginas do catálogo das fraquezas e veleidades humanas: uma dona de casa dando instruções histéricas à empregada sobre como receber os convidados que logo chegarão para um coquetel ("veja se consegue acabar com aquele patê de fígado antes de servir as coisas quentes"), outra comentando com o marido que achou um diamante no chão do banheiro ("deve ter caído do bracelete que a sra. Dunston estava usando ontem à noite") e dele recebendo mais uma ordem do que uma sugestão ("Leve para o joalheiro da Madison Avenue e o venda").

Nessa noite, os Westcott vão jantar fora e, embora seja uma "dessas noites esplêndidas de primavera que excitam a memória e o desejo", Irene parece triste e dispersa. Na rua, ela e Jim dão com uma banda do Exército da Salvação. Antes de sacar da bolsa uma esmola, Irene diz para o marido "Eles são gente muito boa [...] são muito melhores do que muita gente conhecida nossa". O seu estado de ânimo se mostra alterado por ela ser atraída, de forma obsessiva, pela vida íntima dos vizinhos, o que a faz se comportar rudemente no jantar. Mas esse seu "inteirar-se" das mazelas alheias, do qual ela não extrai mais graça, como no início, e sim angústia, é agente da fragmentação de seu ser, que, não mais íntegro, se vê "invadido".

Irene continua "viciada" na escuta do rádio, e daí virá o seu dano – e a tentativa de repará-lo, força-motriz da narrativa: no dia seguinte, quando retorna do trabalho, já de tardezinha, Jim a encontra chorando convulsivamente, os cabelos desgrenhados. Ela suplica:

Não tire o casaco. Vá ao 16-C. O Sr. Osborn está batendo na mulher dele. Estão brigando desde as quatro, e agora ele começou a bater nela. Vá lá e faça com que ele pare![14]

Jim ouve os gritos obscenos vindos do aparelho e o desliga, repreendendo sua mulher por aquela atitude espiã, afinal ele havia comprado o rádio para fazê-la feliz e não para que adentrasse naquele mundo horroroso, pavoroso, deprimente dos outros, como Irene o descreve, em lágrimas – mundo onde a lírica de superfície não colhe epifanias, mas apenas a sordidez do cotidiano. Cotidiano que, assim, não sofreu uma reescritura, como vimos com McEwan. Jim é posicionado, pelo narrador, como o indivíduo consciente: diante do meio (o rádio, nesse caso), ele resiste à sua programação alienante pela mediação (a atitude crítica).

No entanto, Irene clama para que não se passe entre eles o que ela "ouviu" nos demais apartamentos: "Todos os outros estão brigando o dia todo. Todo mundo brigando. Todos preocupados com dinheiro". Em seguida, desdobra a lista de turbulências que captou em sua audição e dá o nome a seus agentes: a sra. Melville tem problemas cardíacos; o Sr. Hendricks vai perder o emprego em abril; a moça que toca no piano a *Missouri Waltz* é uma prostituta; o zelador tem um caso com alguma mulher no prédio; a mãe da sra. Hutchinson está morrendo de câncer e a família não tem recursos para interná-la etc. Ainda aos prantos, como se não quisesse se ver nos estilhaços de um espelho quebrado – a vida terrível dos outros –, ela se agarra ao pescoço do marido:

[...] nós sempre fomos bons e decentes, sempre carinhosos um com o outro, não é mesmo? E temos dois filhos, dois filhos lindos. Nossas vidas não são sórdidas, não é, querido? Não é verdade?[15]

14. *Idem*, p. 43.
15. *Idem*, p. 44.

Nesse questionamento de Irene podemos, por paralelismo, demarcar o nascedouro da publicidade, não obstante as críticas de Toscani: para que construir um mundo ficcional miserável? Por que não um cotidiano somente epifânico? Eis aí a raiz da impossibilidade de uma publicidade sublinhada unicamente na lírica subterrânea, ou seja, nos mais graves e profundos tormentos humanos.

Para resolver o conflito que impulsiona a trama do conto, Cheever insere o segundo *plot point*: Jim promete à mulher que, no dia seguinte, conseguirá um técnico para, dessa vez, consertar o rádio em definitivo. E, de fato, é o que acontece. O aparelho é consertado já pela manhã, e Irene ouve a "Nona Sinfonia de Beethoven, incluindo a 'Ode à Alegria' de Schiller", além de anúncios de vinhos da Califórnia, passando de um estado de cautela ao contentamento. Durante todo o dia, ela o manterá ligado e nada estranho sairá de seu alto-falante.

O enorme rádio – em cujas ondas ela sintonizava a conversa dos vizinhos e, em teoria, também os dramas de pessoas pelo mundo inteiro, bastando, para isso, correr o botão e mudar de estação – desmetaforiza-se e retorna à sua condição de objeto. A vida privada dos vizinhos deixa de ser pública, não mais ao alcance de Irene, pelo "defeito" do aparelho agora consertado. Esse silêncio propicia o seu retorno ao antigo e prazeroso hábito de ouvir música clássica.

Tanto é assim que, quando o marido chega em casa, Irene se deleita escutando uma suíte espanhola. O casal janta ao som de "Coro dos Ferreiros" de *Il Trovatore* e, em seguida, "La Mer", de Debussy. Mas o preço pelo reparo no rádio é alto demais para eles – quatrocentos dólares, anunciou Jim –, e, então, as trevas que antes habitavam outros apartamentos daquele condomínio, e das quais haviam se livrado (pois não lhes pertenciam), invadem seu lar:

"Quatrocentos dólares está bem acima das minhas disponibilidades", ele continuou. "Queria comprar alguma coisa que te desse prazer. É a última extravagância que vou poder fazer este ano. Vi que você ain-

da não pagou as contas das roupas, estavam em cima da penteadeira".
Jim olhou diretamente para ela. "Por que me disse que pagou? Por que
mentiu para mim?"[16]

Irene argumenta que ele não deve se preocupar, ela conseguirá
pagar as contas com a próxima mesada: "no mês passado tivemos
as capas dos sofás e aquela festa". Mas Jim se põe a acusá-la, "você tem que aprender a cuidar com um pouquinho mais de inteligência do dinheiro que te dou", e passa a enumerar suas queixas,
num lamento similar aos ouvidos por Irene pelo rádio, que a intoxicaram: a empresa onde Jim trabalha não anda bem financeiramente; ele tem 37 anos e está envelhecendo, não chegou aonde
tinha esperado chegar "e acho que as coisas não vão melhorar",
desabafa ele; é preciso que o casal comece a fazer economia, precisam pensar nas crianças; não há segurança nenhuma quanto ao
futuro deles – "se acontecer alguma coisa comigo, está aí o seguro, mas hoje em dia isso não vai muito longe".

O peso da existência – e das horas negras e inescapáveis de
toda e qualquer jornada humana –, vivenciado ontem por Irene,
também é sintonizado agora por Jim e se instala definitivamente,
como se antes não estivesse sob a superfície de seu cotidiano, no
lar dos Westcott:

> "Trabalhei muito duro para dar a você e às crianças uma vida confortável", ele disse com amargor. "Não gosto de ver todas as minhas energias,
> todos os meus melhores anos, gastos em casacos de pele, rádios, capas de
> sofá e..." "Por favor, Jim", ela interrompeu. "Por favor. Vão nos ouvir"[17].

Irene acredita que a conversa pode ser ouvida através do rádio, o que encoleriza o marido, para quem os medos dela se tor-

---

16. *Idem, ibidem.*
17. *Idem*, p. 45.

naram insuportáveis. O rádio não pode ouvi-los. E se alguém os ouvir? Quem se interessaria pelos problemas deles?

O casal que deslizava num barquinho pelo mar azul, de repente, se vê rolando como uma pedra num redemoinho de águas turbulentas. E mais turbulentas se tornarão, pois Jim, então, descarrega na mulher, sem clemência, seu fel represado: para ele, Irene não é "uma santinha", ela cometeu atos abjetos tanto quanto aqueles que recrimina nos vizinhos, e dos quais parece ter se esquecido:

"Você roubou as joias de tua mãe antes que se abrisse o testamento. Nunca deu à tua irmã um centavo do dinheiro herdado por ela – nem quando precisou [...]. E onde estava toda essa sua piedade e virtude quando foi fazer o aborto? Nunca vou esquecer da tua frieza naquela ocasião. Você fez a mala e saiu para arranjar alguém que assassinasse aquela criança como se estivesse indo passar férias em Nassau"[18].

Obviamente, mazelas íntimas de um casal, e acusações virulentas desse tipo, não chegam ao dia a dia representado pela publicidade. Na vida "real", pode haver festa no apartamento de Jim e Irene e de todos os outros moradores naquele edifício perto de Sutton Place, mas há também (inevitavelmente) guerra. Guerra, declarada ou velada, nos subterrâneos ou na superfície, guerra o tempo todo. E não a suportável guerra conjugal, expressa com sarcasmo e ironia nas histórias de Dalton Trevisan – contista brasileiro do cotidiano, assim como John Cheever –, mas a guerra existencial, que faz dos seres humanos não apenas viventes, mas sobreviventes.

4. CONCLUSÃO: MINHA DOR É SÓ MINHA

Jim continua a gritar. Irene, humilhada e nauseada – porque se tornou consciente de que deve se voltar unicamente para sua

18. *Idem, ibidem.*

vida e sua família? Porque desinverteu seu "voyeurismo"? –, permanece, diante do rádio, "sonhando" que a voz carinhosa da babá dos Sweeney, de súbito, sairia do alto-falante. Mas do aparelho vem apenas uma voz suave e neutra, anunciando as notícias: "Um incêndio num hospital católico perto de Buffalo, que atende crianças cegas, foi apagado esta manhã pelas freiras. A temperatura é de oito graus. A umidade é de oitenta e nove por cento"[19].

Assim termina o conto – e, com essa "voz suave e neutra" do rádio, mas que tão bem qualifica o discurso publicitário hegemônico, findamos nossa leitura guiada pelo tensionamento entre a lírica subterrânea e a lírica da superfície. Como dissemos, a recorrência dessa última pela publicidade é esperada e previsível. Com a acentuada espetacularização da vida cotidiana na sociedade de consumo contemporânea, ela investe mesmo maciçamente em situações prosaicas. A identificação do público com essas situações catalisa a empatia e gera atenção para a marca ou o produto anunciado.

Por outro lado, a arte explora a nossa dor de todos os dias – e, com mais ou menos vigor, é capaz de levar-nos à catarse. O fato cotidiano, pela sua lente, não dispensa o estranho, o trágico, como no "Poema Tirado de uma Notícia de Jornal", de Manuel Bandeira:

João Gostoso era carregador de feira livre e morava no morro da Babilônia num barracão sem número.

Uma noite ele chegou no bar Vinte de Novembro

Bebeu

Cantou

Dançou

Depois se atirou na Lagoa Rodrigo de Freitas e morreu afogado[20].

19. *Idem*, p. 46.
20. Manuel Bandeira, "Poema Tirado de uma Notícia de Jornal", *Estrela da Vida Inteira*, p. 136.

As narrativas publicitárias, em seus enredos, não "reparam" senão danos menores: a comida sem sabor, o mal-estar da gripe, a queda de cabelos. A existência continua uma ferida aberta, como em "O Enorme Rádio": cada um com a sua dor, que, em si, já é quase insuportável. A música clássica ouvida pelos Westcott é um lenitivo, assim como a literatura – razão pela qual nos valemos dela aqui, para tornar menos pesado o esforço de discutir, por meio de outrem, o que nos é íntimo.

Observando Jim e Irene no começo dessa história, poderíamos imaginar que a vida era uma festa na casa deles. Mas, sabemos, que o conflito sempre esteve ali – e sempre estará onde a vida se debate, à espera de nossa reescritura.

XI. O Consumo e o Não Consumo em "Uma Questão Temporária", de Jhumpa Lahiri[1]

1. FAÇA O ESCURO, E A LUZ SE FAZ

A célebre questão proposta por Shakespeare em sua peça *Hamlet*, "ser ou não ser", traz em seu bojo, ainda que implícita, a ideia de que "ser" (um) é também "não ser" (outro). O ser, em seu ser, é tudo o mais que ele não é – o mundo inteiro que é, fora dele, o seu não ser. E, assim, o mesmo para os objetos e para o discurso dos objetos. Esse traço dialético entre o ser e seu não ser (que é o ser de outro) sempre foi uma de nossas inquietações acadêmicas, espraiadas em estudos que realizamos sobre ditos e não ditos[2], e, igualmente, em nossa trajetória literária.

Como exemplo, no conto "Iluminados", inserido em nosso livro *O Vaso Azul*, narramos um episódio protagonizado por

---

1. Publicado originalmente com o título "O Consumo e o Não Consumo: Flashes de uma Discussão", *Signos do Consumo*, vol. 12, n. 2, pp. 106-114, jul/dez 2020.
2. Ver, de João Anzanello Carrascoza, "Dizeres e Silenciamentos na Narrativa Publicitária Contemporânea" e, do mesmo autor, "Produção e Consumo do Não-Dito: Um Elemento Estético da Campanha Publicitária da TV Folha", entre outros.

um casal em conflito, quando, à noite, sentados no sofá, diante da tevê, o marido e a mulher jantam, sem trocar palavras, e, de súbito, ocorre um blecaute, lançando-os à escuridão. Sem enxergar a comida no prato, a mulher busca na cozinha uma vela, que acaba por inaugurar, tão inesperadamente quanto o apagão, uma atmosfera de aproximação entre o casal[3]. Marido e mulher voltam a conversar e, como a luz não retorna senão horas depois, eles preenchem o tempo em companhia um do outro, como há tempos não o faziam, cuidando da louça juntos e esquentando a água para o banho, que tomarão a dois, numa até então velha e inútil banheira. Sem o mundo alheio do vídeo, a vida do casal se reapresenta, em busca de um concílio. É justamente no escuro fundo de uma relação conjugal em agonia, que a chama da paz se aviva. Líquido, no sentido que lhe designa Bauman[4], o amor se ressolidifica. Se antes o casal produzia e consumia a distância, e, para que assim fosse, deixavam, entre outras coisas, de produzir e consumir um renovado afeto, de súbito, à luz de velas, passam a fazê-lo, interrompendo a sua produção, ou "desconsumindo" a distância.

Mas nosso desafio não é retextualizar nossa própria história, mas, sim, o conto "Uma Questão Temporária", da escritora inglesa (de origem indiana) Jhumpa Lahiri, o primeiro de seu livro *Intérprete de Males*, Prêmio Pulitzer, que nos permite abordar nuances epistemológicas do consumo, em especial o seu "ser" que é, *um* consumo, e, simultaneamente, é um não ser, *outro* consumo. De forma coincidente, este conto, também protagonizado por um casal – Shoba e seu marido Shukumar –, assim se inicia:

A notificação informava que era uma questão temporária: por cinco dias a eletricidade seria cortada durante uma hora, a partir das oito da noi-

---

3. Explico com detalhes a gênese deste conto e sua relevância na poética em minha obra literária no debate com o escritor Bartolomeu Campos de Queirós, reproduzido no livro organizado por Celia Abicalil Belmiro, *Onde Está a Literatura? Seus Espaços, seus Leitores, seus Textos, suas Leituras.*
4. Zygmunt Bauman, *Amor Líquido. Sobre a Fragilidade dos Laços Humanos.*

te. Uma linha caíra na última tempestade de neve e os operários iam aproveitar as noites mais brandas para arrumá-la. O trabalho afetaria apenas as casas da tranquila rua arborizada na qual Shoba e Shukumar moravam havia três anos [...][5].

A ruptura na rotina do casal se dá quase de forma abrupta como em "Iluminados" – Shoba, ao chegar em casa no fim da tarde, e ler o comunicado entre a correspondência, admite que havia sido "bondade deles ter avisado", porque assim poderiam, ela e Shukumar, se preparar para aquelas horas sem luz. Mas, a suspensão de energia começará naquela mesma noite, conforme constata o marido no calendário – e a transformação que promoverá na vida dos dois não será menos contundente, como veremos.

2. O NÃO CONSUMO DE UM BEM É O CONSUMO DE OUTRO

Notamos, já no início da história, que o casal também está em crise. Shukumar, com 35 anos, ainda estudante (medíocre) de mestrado, havia viajado, tempos atrás, até Baltimore, para uma conferência acadêmica, incentivado pela própria Shoba que, então grávida, poderia entrar em estado de parto a qualquer momento. Quando volta para casa, em Boston, ele é surpreendido pelo fato de que o bebê nascera morto. A mulher se recuperaria, estaria semanas depois de novo em atividade, "nada indicava que não pudesse ter filhos no futuro", mas a vida entre os dois jamais seria como antes. Aos poucos, eles se tornaram "peritos em evitar um ao outro na casa de três quartos, passando o máximo de tempo possível em andares separados"[6]. E eis que ali estão, agora, na escrita de Jhumpa Lahiri, procurando se apressar, já que são sete e meia e, às oito horas, o fornecimento de luz será interrompido. Antes que se apressem à

5. Jhumpa Lahiri, "Uma Questão Temporária", *Intérprete de Males*, p. 9.
6. *Idem*, p. 12.

procura de velas para que não jantem no escuro – e, dessa vez, inclusive, jantem juntos, já que, havia meses, cada um se servia no fogão e ia comer num canto da casa (Shoba na sala de estar, Shukumar no estúdio) –, vamos abordar por meio de fatos da trama e da atitude distinta dos personagens, que a narradora nos apresenta, o consumo pelo seu *ser*, ao mesmo tempo que é, também, todo um *não ser*.

Douglas e Isherwood apontam que o consumo não é imposto, é uma escolha livre[7]. E os bens de consumo comunicam valores, estabelecem relações entre os indivíduos. Ante a situação conjugal conflituosa, quanto mais tempo Shoba ficava fora, estendendo sua jornada de trabalho, mais Shukumar desejava permanecer em casa, "sem sair nem para pegar correspondência, ou comprar frutas ou vinho nas lojas perto do ponto do bonde"[8]. Uma vez que escolheu consumir seu tempo dentro de casa, Shukumar escolheu não consumir seu tempo de todas as outras maneiras. Se, por meio do consumo, o indivíduo diz alguma coisa sobre si e sobre o que o cerca, ele também o diz pelo seu não consumo.

Depois que o bebê morreu, marido e mulher deixam de se olhar nos olhos, de sussurrar um o nome do outro, os corpos cessam de se buscar antes de dormir, senão em raras ocasiões. Shukumar passa a consumir menos a companhia de Shoba, e vice-versa. Ele, entediado e sem ânimo para avançar na escritura de sua dissertação, vai sair da cama, tantas vezes, quase na hora do almoço – é essa a sua escolha, escolha que o faz descer "até o bule de café para tomar o resto que Shoba deixara para ele, ao lado de uma caneca vazia"[9]. Essa sua prática de consumo – beber o café sozinho – diz muito sobre a sua relação com a Sho-

---

7. Mary Douglas & Baron Isherwood, *O Mundo dos Bens: Para uma Antropologia do Consumo*.
8. Jhumpa Lahiri, "Uma Questão Temporária", p. 10.
9. *Idem*, p. 13.

ba, pois não lhe foi imposta por ninguém, senão que é de sua própria escolha, e nos lembra os versos "Então me levantei/ Bebi o café que eu mesmo preparei", igualmente "significativos", do "Poema só para Jaime Ovalle", de Manuel Bandeira, reproduzido a seguir:

Quando hoje acordei, ainda fazia escuro
(Embora a manhã já estivesse avançada).
Chovia.
Chovia uma triste chuva de resignação
Como contraste e consolo ao calor tempestuoso da noite.
Então me levantei,
Bebi o café que eu mesmo preparei,
Depois me deitei novamente, acendi um cigarro e fiquei pensando...
– Humildemente pensando na vida e nas mulheres que amei[10].

Não foi Shukumar que fez o café, foi Shoba, mas ele prefere bebê-lo quando ela já partiu há horas para o trabalho. Se no poema de Bandeira o indivíduo está só, pensando nas mulheres que ele amou, então ausentes, no conto retextualizado aqui a mulher está presente, mas o homem, pensando se ainda a ama, está (por sua opção) só. O "eu" do poeta evoca no presente as mulheres (amadas) de seu passado, enquanto Shukumar evoca o passado, quando havia amor entre ele e a sua jovem esposa.

Pelo consumo (solitário) do café, sabemos que marido e mulher se mantêm afastados no presente, mas é também pelo consumo que o passado deles é alçado à memória por Shukumar, ou chamado a construir, em sonho, a futura vida familiar:

[...] toda a vez que ele pensava nesse momento, o último momento em que vira Shoba grávida, era do táxi que mais se lembrava, uma pe-

---

10. Manuel Bandeira, "Poema só para Jaime Ovalle", *Estrela da Vida Inteira*, p. 191.

rua pintada de vermelho com letras brancas. Era ampla comparada com seu carro. [...] Enquanto o táxi corria pela Beacon Street, pensara no dia em que ele e Shoba talvez tivessem de comprar uma perua para levar os filhos para as aulas de música e consultas no dentista. Ele se imaginara agarrado à direção, enquanto Shoba virava para trás para distribuir as caixinhas de suco para as crianças[11].

Rocha nos diz que podemos nem consumir o produto, mas na esfera midiática, espécie de elemento onipresente na qual estamos imersos, acabamos por consumir – às vezes até mais – o discurso do produto[12]. Se não podia ter uma "perua pintada de vermelho com letras brancas", que, maior que seu carro, se mostrava ideal para uma família, Shukumar podia pensar nela, desejar comprá-la um dia e, assim, escolhe consumir (imaginariamente) aquele produto e não outro.

O caderno de papel amarelo pautado onde Shukumar fazia anotações para a sua dissertação (por que não papel branco e sem pautas?), os paletós de *tweed* e calças de veludo (por que não casacos de lã e calças *jeans*?), o carneiro que ele cozinharia para o jantar daquela noite (por que não frango, ou peixe?), o batom vermelho-escuro de Shoba (por que não rosa-claro?) e a sua mochila de couro (por que não uma bolsa de pano?), enfim, todo tipo de mercadoria que aparece no conto, bem como as palavras entrelaçadas no plano narrativo, nos mostra que o consumo de "a" é o não consumo de "b a z".

3. DITOS E NÃO DITOS. O CONSUMO COMO ENUNCIAÇÃO DO NÃO CONSUMO

Se o consumo de um bem material é, no momento de seu consumo, o não consumo de todos os outros bens materiais (que

---

11. Jhumpa Lahiri, "Uma Questão Temporária", p. 11.
12. Everardo Rocha, *Magia e Capitalismo. Um Estudo Antropológico da Publicidade.*

poderiam ter sido escolhidos em seu lugar, mas não o foram), o mesmo podemos dizer do consumo de bens simbólicos, como os discursos, sejam eles da esfera pública, sejam do espaço privado.

Os ditos de um discurso não podem ser senão o que são – estes referidos ditos –, abdicando de ser, pela escolha do enunciador, todos os demais ditos, então silenciados, que poderiam, no entanto, estar ocupando o seu lugar. Como assinala Orlandi:

> [...] há sempre no dizer um não-dizer necessário. Quando se diz "x", o não-dito "y" permanece como uma relação de sentido que informa o dizer de "x" [...]. Além disso, o que já foi dito mas já foi esquecido tem um efeito sobre o dizer que se atualiza em uma formulação. Em outras palavras, o interdiscurso determina o intradiscurso: o dizer (presentificado) se sustenta na memória (ausência) discursiva[13].

Os não ditos à margem de todo o dizer também significam algo. E o que significam será dado pelo contexto. Já nessa primeira noite, tão logo o casal acaba de esquentar a comida, as luzes se apagam. Para não comer às escuras, Shukumar acende umas velinhas de aniversário que encontrou pela casa e o jantar assim se estende, com a mulher dando corda a uma conversa para retirar ambos de um silêncio angustiante que os tem visitado no dia a dia. Mas, depois de alguns minutos, Shoba propõe: "que tal a gente contar uma coisa que nunca contou para o outro?"

Tantos assuntos poderiam acorrer a esse diálogo dos dois, e, no entanto, a "escolha" será justamente por aqueles que o marido e a mulher até ali haviam evitado partilhar um com o outro. Ou seja, dessa vez eles vão chamar à lembrança fatos que viveram mas esconderam do cônjuge – enunciados não ditos em momentos passados, quando então ambos preferiram

---

13. Eni Puccinelli Orlandi, *Análise de Discurso. Princípios & Procedimentos*, pp. 82-83.

outros ditos sobre si, que visavam, evidentemente, produzir certos efeitos de sentido.

E, como Shukumar aceita o desafio, Shoba, então, começa dizendo: "a primeira vez que fiquei sozinha no seu apartamento, olhei sua agenda de endereços para ver se eu estava nele. Acho que a gente se conhecia fazia duas semanas"[14]. Embora seu nome não estivesse lá, conforme constata na ocasião, ela, no entanto, diz ao marido "não desisti de você".

É um início de "jogo" que propõe já a enunciação do conflito que o casal está atravessando. Shoba se vale do escuro para trazer à luz o problema que, nos últimos meses, os dois têm deixado à sombra. Shukumar entende no dito de sua mulher o não dito nele subentendido – é como se ela dissesse, novamente, "estou aqui, agora, porque não desisti de você". Ele poderia desviar as águas da conversa para um curso diferente, mobilizando outro dizer – algo que ainda não contara para ela, sim, mas, como a regra não o obrigava a seguir o eco do primeiro enunciado, poderia ter confessado alguma coisa só dele, que não a envolvia.

Mas, não, Shukumar resolve seguir a mesma "formação discursiva" e diz: "a primeira vez que nós saímos para jantar, no restaurante português, eu esqueci de dar gorjeta para o garçom. Voltei na manhã seguinte, descobri o nome dele, deixei o dinheiro com o gerente"[15]. A mulher lhe pergunta o motivo desse esquecimento e ele diz que, no fim daquele jantar, sentiu que poderia se casar com ela, o que o distraiu e o fez esquecer a gorjeta. Podemos interpretar, assim como Shoba, no não dito colado a esse dizer de seu marido, que ele "também" não desistiu do casamento com ela.

Os dois, graças às "condições de produção" de seu discurso, optam por enunciar, ou seja, produzir – e, em consequência, consumir – dizeres que, indiretamente, operam a esperança de que a ruptura amorosa, sentida pelos dois, embora não enun-

14. Jhumpa Lahiri, "Uma Questão Temporária", p. 20.
15. *Idem*, p. 21.

ciada, pode ser afastada. Tanto é assim que, na noite seguinte, para que o jantar não seja à luz improvisada das velinhas de aniversário, Shoba compra pilhas para a lanterna e um pacote de velas. O casal janta antes da suspensão da eletricidade, sob a luz do lustre de cobre pendurado no teto sobre a mesa. Mas o "discurso" gestual, que insinua a reaproximação, prossegue quando terminam a refeição, momento em que Shukumar se surpreende ao ver a mulher "pôr seu prato em cima do dele e levar os dois para a pia. Ele achara que ela ia se retirar para a sala"[16] a fim de trabalhar. A casa logo fica às escuras, Shukumar acende as velas, ampliando a atmosfera (romântica) ideal para que eles deem mais um passo na tentativa de reconciliação – ou rumo ao fim do casamento.

Acomodados nos degraus da escada, ambos se põem a observar as pessoas que saem à rua com suas lanternas e, quando uma de suas vizinhas, a senhora Bradford, passa com o marido e os convida a ir até a livraria, Shoba e Shukumar respondem juntos "não, obrigado". Mas se Shukumar se surpreende novamente, agora pelo fato de que as suas palavras coincidiram com as dela, as suspeitas também o levam a mirar noutra direção:

> Perguntou-se o que Shoba iria lhe dizer no escuro. As piores possibilidades já haviam lhe passado pela cabeça. Que ela tinha um caso. Que não o respeitava por ter trinta e cinco anos e ainda ser estudante. Que o culpava por estar em Baltimore, como a mãe dela culpava. Mas ele sabia que essas coisas não eram verdade. Ela era tão fiel quanto ele. Acreditava nele. Ela é que havia insistido que fosse para Baltimore. O que eles não sabiam a respeito um do outro?[17]

Esta dúvida de Shukumar, "o que eles não sabiam a respeito um do outro?", nos remete, outra vez, aos enunciados ditos

16. *Idem*, p. 22.
17. *Idem*, p. 23.

e aos não ditos, posto que se os primeiros comunicam – e por eles passamos a saber coisas das pessoas, como crenças e valores –, os segundos, por tudo aquilo que não está expresso no dizer, igualmente comunicam.

Mas se o que eles não sabiam a respeito um do outro é verbalizado, ganhando o *status* do dizer – e, portanto, do saber –, os não ditos estão presentes emitindo seus novos sentidos, em virtude do contexto alterado. Assim, dando continuidade ao jogo iniciado na noite anterior, Shoba toma a iniciativa, outra vez, e diz: "uma noite, eu falei que ia trabalhar até tarde, mas saí com Gillian e tomei um Martini"[18]. Naquela noite, Shukumar se lembrava, ele jantara sozinho com a mãe, que viera visitar o casal por duas semanas; ela queria, junto ao filho, homenagear o marido, morto havia doze anos. Nas noites anteriores, sempre quando preparava a comida de que o falecido gostava, a mãe de Shukumar chorava com as carícias que Shoba fazia em sua mão.

O filho recordava seu sentimento à época, querendo que a esposa estivesse em casa "para dizer as coisas certas porque ele só conseguia dizer as coisas erradas" para sua mãe. E, no entanto, "ele agora imaginava Shoba com Gillian num bar com sofás de veludo listrado, aquele a que costumavam ir depois do cinema, cuidando para o *drink* ter uma azeitona a mais, pedindo um cigarro a Gillian"[19]. E mais, fora Gillian quem havia levado Shoba no hospital para fazer o parto.

Mas, como os sentidos de todo e qualquer discurso resultam de sua relação com outros discursos, e "um dizer tem relação com outros dizeres realizados, imaginados ou possíveis"[20], um fato, também grave, que Shukumar escondeu de Shoba, e que ainda o perturbava, era ter colado num exame da faculda-

18. *Idem*, p. 24.
19. *Idem, ibidem.*
20. Eni Puccinelli Orlandi, *Análise de Discurso. Princípios & Procedimentos*, p. 39.

de, quinze anos antes. Ele sente alívio ao confessar a sua falta, valendo-se não da mesma formação discursiva de Shoba, mas de outra. Shukumar se pergunta, mentalmente, se ela se incomodaria com o que ele acabara de dizer. E, como se captasse essa pergunta no silêncio que se faz entre ambos, ou seja, como se o não dito ao redor do dizer o dissesse claramente, ela – depois de olhar os mocassins velhos que ele usava como se fossem chinelos – responde com um gesto, um enunciado daquela que poderíamos dizer ser a sua formação discursiva (amorosa): Shoba lhe pega a mão e a aperta.

Quando a luz volta, às nove horas da noite, as pessoas aplaudem e começam a ligar a televisão – retornando ao consumo midiático. Shoba e Shukumar se levantam e entram em casa, "a mão dele ainda na dela". E, assim, com esse enlace das mãos, o narrador de "Uma Questão Temporária" está nos dizendo que os dois, ao menos daquela vez, entregaram-se mutuamente ao perdão.

Nas noites seguintes, o casal continuou a produzir e consumir confissões, "miudezas com que haviam magoado ou decepcionado um ao outro e a si mesmos"[21]. Shukumar contou que, quando Shoba estava no final da gravidez, com a barriga imensa, e ele não podia mais tocá-la, recortou a foto de uma mulher numa revista de moda e, mirando-a às vezes, sentia intenso desejo: "foi o mais perto que chegou da infidelidade"[22]. Shoba reage pegando na mão do marido e apertando-a, como tinha feito antes. Por isotopia, seu gesto enuncia, novamente, que ela o perdoa.

Quando a casa ficava às escuras, os dois conseguiam não apenas conversar um com o outro, como há tempos não mais o faziam, e o consumo das sombras, ante o não consumo da luz,

---

21. Jhumpa Lahiri, "Uma Questão Temporária", p. 25.
22. *Idem*, p. 26.

os levou do encontro com as palavras ao encontro dos corpos: na terceira noite, depois das confidências, Shukumar se põe desajeitadamente a beijar Shoba; na quarta noite, "subiram cuidadosamente a escada, até a cama, tateando juntos com os pés no último degrau antes do patamar e fazendo amor com um desespero que tinham esquecido"[23].

A expressão "no último degrau antes do patamar" revela que o caminho percorrido pelo casal na tentativa de se reconciliar chegou mesmo ao seu último lance, pois, na manhã da quinta noite, Shukumar encontra um novo comunicado da companhia de eletricidade na caixa de correspondência, avisando que o problema havia sido solucionado antes do prazo. O consumo do "escuro" o motivara a fazer um jantar especial, planejava preparar um *malai* de camarão para Shoba, mas, com as luzes acesas, não seria a mesma coisa – ou, nos termos da análise de discurso, esse "enunciado" não produziria, diante do novo contexto, os mesmos efeitos de sentido.

Embora o "jogo" tenha acabado, o casal prefere jantar à luz de velas, reproduzindo a atmosfera das noites anteriores. Comem todo o camarão, abrem a segunda garrafa de vinho, e Shukumar põe um disco, um álbum de Thelonious Monk, que Shoba gostava.

Então, dá-se o desfecho inesperado: Shoba apaga as velas e acende a luz. O marido tenta convencê-la a deixar a luz apagada, mas ela diz: "quero que você veja o meu rosto quando eu te disser o que vou dizer"[24]. Shukumar sente seu coração acelerar, pois no dia em que ela lhe dissera que estava grávida, tinha usado as mesmas palavras, com o mesmo tom suave:

– Andei procurando apartamento e encontrei um – disse ela, apertando os olhos aparentemente para olhar alguma coisa atrás do om-

23. *Idem*, p. 27.
24. *Idem*, p. 28.

bro esquerdo dele. A culpa não era de ninguém, ela continuou. Tinham passado por muita coisa. Ela precisava de algum tempo sozinha. Tinha economizado dinheiro numa conta de poupança. O apartamento ficava em Beacon Hill, de forma que podia ir a pé para o trabalho. Ela havia assinado o contrato essa noite, antes de voltar para casa[25].

Shukumar sente alívio, mas também nojo, com essas palavras de Shoba. Isso porque ele não havia compreendido, à margem dos dizeres dela até então, que os não ditos enunciavam aquela sólida certeza: sua mulher estava se "preparando para uma vida sem ele". Só então se dá conta de que "era isso que ela tinha tentado lhe dizer nas últimas quatro noites. Era o motivo do jogo dela"[26]. Tanto quanto o que eles consumiram nesse jantar – o camarão, o vinho, a penumbra – e o não consumo de tudo o mais que foi excluído, os enunciados ditos por ambos até aquela noite são os não ditos que ocultavam toda a verdade. Ou quase toda, porque era a vez de Shukumar fazer também a sua última confissão.

Ao contrário do que Shoba pensava, ele não havia chegado do congresso de Baltimore quando ela dormia na cama do hospital e o bebê já fora cremado, mas antes, a tempo de vê-lo, de segurá-lo, ainda que morto, em seus braços: "Nosso bebê era um menino – ele disse. – A pele dele era mais vermelha que marrom. Tinha cabelo preto. Pesava quase três quilos. A mão estava fechada, como a sua durante a noite"[27].

Shukumar deixa à escura, em seu dizer, todos os incontáveis enunciados possíveis naquele contexto, para acender o único capaz de mostrar o quanto ele conhecia Shoba, contando a ela que a mão do bebê "estava fechada, como a sua durante a noite". Então, agora ela sabia de tudo:

---

25. *Idem*, pp. 28-29.
26. *Idem*, p. 29.
27. *Idem*, p. 30.

Ele tinha carregado seu filho, que só conhecera a vida dentro dela, tinha apertado o bebê ao peito numa sala escura de uma ala desconhecida de um hospital. Tinha ficado com ele nos braços até uma enfermeira bater na porta e levá-lo embora, e prometera a si mesmo naquele dia nunca contar a Shoba, porque ele ainda a amava então e era a única coisa na vida que ela quisera que fosse uma surpresa[28].

Os dizeres tanto quanto os não dizeres os leva a saber mais um do outro. Como o consumo, ou o não consumo, seja do que for, também nos leva a saber algo de quem, por escolha, o consuma.

Shoba apaga a luz da sala. Shukumar senta-se ao lado dela. E, finalizando a história, "os dois choraram juntos, pelas coisas que agora sabiam"[29].

Se em "Iluminados" o casal se reaproxima, ao verbalizar e, assim, consumir pela lembrança, fatos felizes de seu passado, em "Uma Questão Temporária", marido e mulher, por meio do jogo da verdade, cada um enunciando vivências até então nunca narradas ao outro, ativam o consumo mútuo de confidências, tirando o não dito de todas as possibilidades em que repousa e trazendo-o para o dizer. Dizer que, se vai conduzi-los a uma reaproximação ou ao afastamento definitivo, os obrigará, de qualquer forma, a assumir uma nova vida.

Se o bebê de Shukumar e Shoba não conheceu a luz da vida, e a sua morte provocou um blecaute na então relação harmoniosa do casal, o escuro de umas poucas horas, em virtude da falta de eletricidade, obrigou marido e mulher a irem ao fundo de suas motivações para salvar o amor em agonia ou matá-lo de vez. Ser (ou não ser) o amor de um para o outro. No escuro, os dois descobrem que ser um (o amor) é não ser outro (o desamor) e vice-versa. Como a luz, que é luz por não ser sombra. Como o consumo, que por ser "a", é o não consumo de tudo o que "a" não é.

28. *Idem, ibidem.*
29. *Idem, ibidem.*

4. PELA PRESERVAÇÃO DAS RESERVAS DE ESCURO

Uma cigana, no conto "A Profecia", de Arthur Miller, diz, à certa altura, a uma consulente, que o futuro "é uma planície, uma planície sem fim, e não o que tínhamos pensado – uma montanha com uma glória no alto"[30].

O que somos agora é tudo o que fomos antes, no passado, até o momento presente. Tudo o que seremos é o que somos até um minuto antes de ser, no minuto futuro. A vida que consumimos também nos consuma, como seres que são um e não outro. E o que consumimos no dia a dia, ou mesmo durante a nossa existência toda, como uma trama discursiva, enuncia e anuncia muito sobre quem fomos, somos e seremos.

É no escuro que Shukumar e Shoba se lançam à produção e ao consumo de "segredos" que, queiram ou não, põem às claras as mágoas que haviam decantado nas sombras de um convívio distante e frio. Assim como há reservas colossais de beleza e poesia no mais prosaico do nosso cotidiano, há igualmente reservas de escuro inexploradas, capazes de iluminar situações de consumo que podem mudar a nossa história.

O consumo (e o não consumo) é como a nossa vida, que, ao ser mutante, se torna um ser, enquanto é outros não seres. O consumo se revela provisório, tanto quanto o nosso viver, que, se é *um* nesse agora, pode ser *outro* no instante seguinte. Vivendo a vida, produzimos e consumimos um eu, deixando, portanto, de produzir e consumir outros tantos eus. Se produzimos e consumimos um mundo, renunciamos aos milhares de todos os outros mundos.

De definitiva, em nossa vida, cuja condição é e sempre será provisória, só a certeza de que é possível passarmos de um ser para outro. E o consumo, queiramos ou não, pode ser um agente que consubstancia essa mudança.

---

30. Arthur Miller, "A Planície", *Eu Não Preciso Mais de Você e Outros Contos*, pp. 161-162.

XII. Suíte Acadêmica: Apontamentos Poéticos Para Elaboração de Projetos de Pesquisa em Comunicação[1]

1. ABERTURA

Metodologia de Pesquisa é disciplina obrigatória nos cursos de pós-graduação *stricto sensu* no campo da Comunicação. Obras sobre o assunto, embora de qualidade, limitam-se a discutir a elaboração de projetos de pesquisa, enfatizando o seu passo a passo. Assim, não estimulam os sentidos do pesquisador, como se o método científico dispensasse a sensibilidade. Esta suíte foi escrita para a disciplina Seminários de Pesquisa do PPGCOM-ESPM, com foco no *pathos*, a fim de aproximar os alunos do conhecimento essencial para se "fazer ciência", aprisionado inteiramente no *logos*. A cada aula, distribuía-se um "extrato lírico", correspondente a um item constitutivo dos projetos de pesquisa.

---

1. Originalmente publicado na revista acadêmica MATRIZES (vol. 10, n. 1, jan.- -abr. 2016), o texto gerou intensa polêmica na comunidade científica, como pode ser conferido na tese de doutorado *Normalizações do Saber-Poder Metodológico no Campo da Comunicação: Por Um Método da Diferença nos Processos Institucionais de Produção de Conhecimento Científico*, de Lisiane Machado Aguiar.

2. PROJETO

Plano de voo. Onde estamos e para onde vamos. Geografia vista do papel; pelas dobras, insinuam-se os detalhes da paisagem: veja, um rio, uma de suas margens, um cavalo bebendo de suas águas – mas não passe de um trecho, só uma ria do rio. Como um decote: imagina-se o todo, sem desenglobá-lo. Absconsos devem estar seus pormenores, o máximo que se nota é o aqui e o ali de alguns pormaiores. Projeto. Como os cabelos que ocultam a nuca. Por que não erguê-los e beijá-la? Projeto. Como num sonho, vai se desenovelando, em atos lentos ou lépidos. Executa-se à semelhança da música: adágio, andante, *allegro*. Com sobrenome, que corresponde a estados de espírito: *grazioso*, com brio, *ma non troppo*. Quando tarda para se abrir, metáfora de flor, entramos no modo tristíssimo. Quando uma de suas pétalas complexas desabrocha, é imediato que passemos à condição cantábile: *Aleluia, aleluia...* Para os forjados na cultura do morro, seria outra canção: *Eu canto samba/ Por que só assim eu me sinto contente*. Projeto. O seu fio, não o de Ariadne. Bem-me-quer e malmequer durante uma raia da vida. Como fabricar, no ventre intelecto, um filho: o mesmo e outro eu no espaço sideral dos signos.

3. TÍTULO

Nome. Vocábulo que designa pessoa, bicho ou coisa. Que distingue também ação, estado ou qualidade. Título, honra, reputação. Nome de batismo, de família, de guerra. Nome feio. Próprio. Nome da rosa. A rosa e o rei. A rosa do povo. Drummond. E agora, José? Agora, a náusea. João, Jesus, Judas. A bíblia. O novo e o velho testamento. Assim falava Zaratustra. Em busca do tempo perdido. Aproximação a Almotásim. Dom Quixote. Dona Quitéria. Maria da Piedade, Maria dos Prazeres, Maria das Dores. Tristes trópicos. Itinerário de Pasárgada. Barco a seco. Sagarana. Grande sertão: veredas. Mahabharata. E, em seu interior, Bhagavad-Gita. O deus dos pássaros: Simurg. Ganesha. Vênus. André, meu pai. Helena, minha mãe. E a de Tróia. O jardim das hespérides. O velocino de ouro. Os argonautas. Os astronautas. Os detonautas. Cronópios. Pigmaleão. Édipo. Alceste. Meus Dias raros. A cachorra Baleia. Pandora. Zebebelo. Macabéa. Capitu. La dolce vita. Luzes da ribalta. Esperando Godot. Cidadão Kane. Malpertuis. A divina comédia. A trágica também. Aulas secretas de um guru. Yogakhrisnanda. O nome do primeiro amor. Do último, e até a morte: Juliana. O nome que não se pode esquecer. O inominável. O dicionário Kazar. O nome de quem vem vindo, de minha semente: Maria Flor.

4. RESUMO

A palavra revela seu pleno sentido: só o sumo. Mas o sumo recontado. Então, até o caroço pode entrar, se é que o caroço não é a soma, decantada, de cada gota. O bagaço fica de fora, quando não é o próprio suco, amargo, que se fibrila. Daí que essa síntese, do tudo, não é nada – conquanto, como a vida, é o que lhe basta, ou lhe resta, para dizer a si, e a outros, que outros somos no ato de recordar nossa história – a síntese, do tudo, não é nada, mas é o que cabe. E, se a regra obriga a espremer o grande no grânulo, a botar num copo toda água do oceano (e não apenas encher um copo com água do oceano), então, esse encolhimento, de pura potência, é o que vale. Não deve ser feito de qualquer forma, mas seguindo uma ordem: desidratando um gomo após outro. No caso do oceano, primeiro deve se ajeitar no copo as ondas, espremendo-as uma sobre as outras, depois todos os habitantes marinhos e, por fim, os navios fantasmas e o resto que vige em suas profundezas, inclusive Atlântida. Essa, se não couber em matéria, deve constar em essência. E o que mais? Em resumo, nada. Senão o grânulo cresce e almeja o grande, as águas folgam e se expandem, dois copos para guardar o oceano não constituem desafio tão empolgante. Então, em suma. Resumo do texto: sumo. Resumo do sumo: gota. Resumo da gota: vida. Resumo da vida: quase nada. E esse quase nada? O nosso todo.

5. PALAVRAS-CHAVE

As mais simples, de tão complexas: árvore, mesa, casa. E nunca, em hipótese alguma, em estado de dicionário. Sempre acompanhadas, senão de outra palavra, de um gesto, um sinal, um olhar que envelopa o contexto e lhe dá a devida significância. Eu e você, que formam o nós. Não o nós, que nos fratura ao meio, formando um só, inteiro. Não: um nós que são os dois, preservados. Como a lua e o céu, em plenilúnio. Palavras-chave: aquelas que lembram, no seu não dizer, o subentendido, a fechadura, a porta. Sol. Sombra. Mãe. Colo. Yin. Yang. Zaz. Traz. Deus. Demo. Joia. Tralha. Tramela. Cadeado. Palavras-chave. Que abrem, mas também fecham, universos. Nanja. Olimpo. Túnel do tempo. Na escolha e na entrega, considere quem as receberá. Cavalo, Rocinante (para alguns). Cavalo, Marlboro (para outros). Jamais palavras que despalavram: abre-te-segredo, fecha-te-livro. De preferência, palavras cujas próprias letras sofrem de seu sentido: cruz, desespero, dor. Ou se afligem com seu uso: estilete, bússola, granada. Palavras que, abertas, guardam outras em seu útero. Palavras-valise. Palavras-pai. Palavras-filha. Palavras-pássaro. Palavras-voo. Palavras-chave. Aquelas que dizem o que é preciso dizer: tudo. Mas, também, que podem não dizer nada: eu te amo. Ou oi, para dar início à conversa. Ou tchau, para cerrá-la.

6. TEMA

O tema deve vir de dentro. Dar-lhe corda, tornar suas vísceras transparentes será a tarefa, o modo natural de externá-lo. Não se fascine com temas-vaga-lumes, temas-estrelas, temas-galáxias. Lampejo, modismo, bizarria. O tema é antes de tudo um simples, e por isso, um forte. Em verdade, está, há muito, amarrado em seu feixe de compreensão – e espanto – ante as coisas. Dispensa laço, anzol, cordame. Peixe que salta das águas e coleia no ar para desafiar as margens, embora nunca deixe de ser o que ele é – rio, lagoa, mar. Tema: apenas um assunto, mas no cio. Fecunde-o. Sem amor, ou mágoa. Com respeito e gratidão. Aceite-o, como o caracol aceita a valva. Pesa-lhe nas costas. Mas é onde seu próprio corpo se recolhe: casa. No cofre do tema, jaz seu objeto. O objeto: a fruta. O tema: a casca. O tema é o início do exame, esfera onde se dará a investigação. Enxame de dúvidas. Nó de luz nas sombras do cadarço. Vasculhe seu íntimo e o tema emergirá, legítimo, inesperado. Você e a doçura do não ser. Você e os objetos pontiagudos. Os inutensílios, como a poesia. O capital lírico. A pós-saudade. O sono pós-coito. Os pseudopunks no contexto da globalização. Os liliputianos e a biopolítica. Metamorfose: a fixa e a ambulante. E a metamorfose definitiva: morte. Essa, sim, assunto universal. De novo: o tema deve vir de dentro. Punhado de mundo, que se pega com a concha da mão, como trigo de uma saca. Com ele, dia após dia, fazemos o nosso pão. Eis o seu naco.

7. INTRODUÇÃO

Ao introduzir, faça as definições cabíveis. Definir: dizer para qual fim algo existe (mesmo que não seja um fim definitivo). Pois, toda definição costuma ser provisória. Ainda assim, pode-se definir tudo, inclusive pelo seu princípio. Princípio: sêmen do querer, ou do sem querer, que se infiltra no ovo do destino. Ovo do destino: expressão à espera de uma frase viril que a gale. Frase: trecho da língua, como fração, ou, para o tempo, instante. Instante: frase de tempo para a vida. Vida: nunca de uma só vez, com sua história inteira, mas sempre em fatias. Em outras palavras, dias. Palavra: signo. Pássaro furta-cor que muda de sentido conforme o galho em que pousa. Galho: filho. Filho: falha da providência. Falha: força que desvia o certo para outro lado. Certo: aquilo que, represando o errado no ventre, dá-se à luz da realidade. Luz: lápis que tira as formas do nada e as realça. Lápis: objeto próprio para definir traços, volumes, figuras – tudo o que, igual ao homem (e sua trajetória) pode ser apagado. Apagado: sem lume; portanto, sem início, só com o seu fim. Fim: algo, mesmo se provisório, já definido na introdução.

8. OBJETO

O teórico e o empírico. Separados, ou unidos, como o solo e a água nos terrenos alagadiços. A relação liberdade, sol e cabelos ao vento. A alegria que não quer se secar, depois que saímos do mar. A sola dos pés dos dervixes rodopiantes. As gretas no assoalho de casa. Os gritos das formigas sob os sapatos. A valva do caracol em dia de chuva. A florada das laranjeiras (e seu aroma) na tiara de uma noiva. As margens lodosas de uma lagoa. A malha em contato com o corpo. Expressões do tipo eu rio-me, eu regato-me, eu oceano-me. Os hinos de louvor e os cantos de guerra. Os sonhos encalhados na infância. A pele sobre a pele nos jogos amorosos. O monge deserto de claustros. O primeiro planeta de uma nebulosa. A hera crescendo pelos muros, silenciosamente, em tardes cálidas. As damas-da-noite caídas na calçada. As mulheres grávidas de nuvens; os homens, de tempestade. A poda sazonal de desilusões. As saudades em marcha no dia dos mortos. O drapejar de uma bandeira rasgada. O movimento imperceptível das estátuas de sal. Os joelhos que não se curvam ante as crenças vãs. O vão entre o ser e o nada. A maciez de seda de certas rochas. A lama ao redor da árvore e o limo grudado à sua ramagem. A sede que a língua desenha com saliva da nuca até a nádega. O que a casa sente por meio de quem a habita. As palavras de corte e as de carinho no subtexto dos embates. E a humanidade que, em nós mesmos, desconhecíamos.

9. PROBLEMA

Até quando a vida dói? O dia em que ela cessa, coincide com o seu fim? Quem disse que não há abismos belos? Por que não dormimos em pé, como os cavalos? Por que fechamos os olhos dos nossos mortos? O fundo do poço tem outro fundo, mais fundo e poço? O céu existe para quem? Para si e mais alguém? Onde fica o repasto das estrelas? Que palavras, sem glória, o crucificado do meio disse aos dois, que o ladeavam? Quem vê a racha irromper nas paredes? Quem vê a flor no ato de abrir--se? Rebelar-se contra o quê? E a pedra, não sente o peso do corpo que nela se deita? Lázaro, pra que te devolver à vida? Apela-se a quem, quando a aflição esfola nossa polpa? Por que seus pés tremulam dentro da água azul? Tremulam ou são meus olhos, agitados, que assim os veem? O que dizem à brisa as palmas dos coqueiros? Quem inventou o frescor dos pátios? O que fere mais uma asa, seu fecho ou o voo? Estradas se desenham, como mapas, na sola do pé dos peregrinos? E se uma suspeita nos consumisse, feito vela votiva, até o toco? A existência mais o saber e menos o tempo – como se resolve essa equação? Com quantos "não" se faz uma pergunta? Quantos "sim" se espera de uma resposta?

10. OBJETIVOS

Expresso ou não, há em toda ação um objetivo. Por exemplo: deitar o dorso sobre a relva, fechar os olhos e sentir nas mãos a textura das folhas. Deixar o barro moldar os dedos (já que os dedos também são barro) e não o contrário. Permitir à consciência, sempre que possível, a ancoragem das lembranças. Dar ao tempo todo o tempo para que nos pesquise, como se fôssemos (e somos) diferentes das vidas pelas quais ele passa. Entregar-se plenamente, seja a que for – a um pequeno prazer, ou à mais indescritível dor. Ouvir com máxima atenção quando o outro fala, sem pensar em resposta, ouvir com máxima atenção quando o outro fala, para flagrar sob a copa de suas palavras, como a das árvores, o que é sol e o que é sombra. Não se ilhar, nem se montanhar. Combater apenas alguns defeitos, já que outros modelam nossas próprias virtudes. Para os quadros felizes, escolher molduras foscas; para as cenas a esquecer, molduras brilhantes. Usar filtro duplo para as tristezas. Ir, às vezes, embora de si. Tocar a campainha pelo tom do coração – uma só vez, se o mundo estiver em ponto morto; dez vezes, se sentir a hora (um dia será inevitável) do desespero. Atentar para a diferença entre objetivo geral e específico. Geral: não ver na porta apenas porta. Específico: passar a plaina (e a imaginação) na madeira rugosa até que ela fique lisa. Outro. Geral: estudar o que dizem os veios da pedra. Específico: encostar a orelha na pedra e ouvir, sorrindo, os silêncios circunscritos. Não se abalar, se o objetivo não for inteiramente atingido. Nunca será.

11. JUSTIFICATIVA

Porque: para fazer cerca, é preciso moirões, espaços vazios e arame. E, uma vez a cerca estendida, o que era um (lado), em dois se transforma no ato. Quem examina bem o palheiro descobre agulhas – e alfinetes. Em todo veio há uma mina. A pele se esgota pelos poros. Se há queimada, a fuligem flutua. Pistas, vestígios e marcas levam a tesouro e também ao fosso. O escuro é que cai, trazendo a noite. Cama tem forma de colo. O fardo nunca deve superar o comprimento dos braços. Arma tem permissão de tiro, se embainhada junto à farda. Chifre mais inibe que agride. Para os abutres, abutres não enunciam mau agouro. Proezas devem ocultar seu autor. O silêncio é que vertebra a palavra. Ri-se, quando não, para se convencer do próprio regozijo. Há que se dar chão às dúvidas, e nuvem às certezas. O contentamento emigra da agonia. E vice-versa. Pensamentos podem ser de areia e cal. Uma criança, que passa correndo, faz o mundo falar. Um velho, em nirvana, faz o mundo emudecer. O dolo é culpa do destino. Ternura, um leve susto do aço; por isso dura tão pouco. Felicidade é relâmpago. Poesia é como brasa, sopre e ela se aviva. Justifica-se (tudo) para provar relevância, até de coisas mixas. Por quê? Vai-se grafá-lo aqui da seguinte maneira: separado, com acento no ê, e ponto de interrogação. Resposta: porque (junto), assim é a ciência, com seus vãos acertos.

12. REFERÊNCIAS

Obrigatoriamente, o quadro completo, com todas as referências. As que constituem eixos, e as pontuais. Nunca a obra de um *pop star*. A posição do primeiro filósofo a bordejar o tema. Um e outro estudioso que, eras à frente, o suturou a alguma teoria. Os inimigos nunca declarados – nesse caso, para contradizê-los. Os deuses da infância, os demônios contemporâneos. Os fatos que despedaçaram a sua fé na verdade. O final d' "A Morte do Leiteiro": "Por entre objetos confusos, / mal redimidos da noite, / duas cores se procuram, / suavemente se tocam, / amorosamente se enlaçam, / formando um terceiro tom / a que chamamos aurora". O voto de fidelidade que, todo dia, a roseira renova ao vento. As máximas de seu pai (vindas dos antepassados, em estado de poesia ou com a força dos dogmas). Tudo o que diz a sua mãe, mesmo que ela, como costuma ser, desconheça o seu ofício. Tudo, absolutamente tudo o que dizia a sua mãe, se você já a perdeu. O silêncio de seu gato, quando você retorna depois de trilhar o caminho errado. As ideias mais esdrúxulas, contrárias às suas diretrizes. A certeza do milagre ao ver sobre a terra e sentir, nas mãos nuas, as raízes torta de uma árvore. Não mencionar somente os puristas, em algum trecho dar voz aos híbridos, aos *clowns*, aos derrotados (que venceram o esquecimento). E não se esquecer, jamais, de seu amigo de infância. Nem do Manuel, da padaria.

13. METODOLOGIA

Começa-se, seja o que for, agarrando-se ao que as mãos têm de mais próximo – somos todos náufragos, então cada um que pegue o que puder à sua maneira ou no desespero. Para quem prefere, na via oposta, se afogar, o método é irrelevante, e idêntico o resultado, não importa se a opção é nadar pelo alto mar até não ter mais braços, ou deixar-se levar, sem resistência, pela correnteza, aceitando o nada do não início (também chamado fim). Depois, segue-se do mesmo jeito, em linha reta, a cabeça erguida, ou em ziguezague, de olhos baixos, aos tropeços, ou seguro a cada passo. Experimentar, qualquer coisa que seja: nunca com voracidade; em porções módicas, sentindo nos dedos a consistência, o gosto na língua, o odor nas narinas. *Corpus* não é amostra. Certifique-se da integridade de seus instrumentos, revise-os antes de usá-los. Barômetro, para medir a pressão atmosférica. Lágrimas, para a largura do amor. Biruta, indica a direção do vento. Saliva, o caminho do prato. Cronômetros marcam o tempo. Fatos (e também palavras) marcam a dor. Faca ou estilete, caco de vidro ou prego, cada um lacera a seu modo. Escolha de acordo com a sua habilidade – e rasgue com esmero, há tanta beleza nos cortes... Águas rasas, às vezes, tocam fundo na memória. Sem procedimentos internos, a árvore não se arvora (para fora). O método é, apenas, uma prescrição para a viagem. Uma bússola primitiva, como o sol. A desvantagem do método? Ser um meio *per se*, como a existência – e nada prepara melhor para a vida que o viver.

14. CONCLUSÕES

Não se conclui nada sem um antes. E o antes vive em silêncio. O silêncio se escoa é no escuro. Pelos dutos cinzentos da palavra é que ele sobe, como seiva nobre. Na claridade é que se ouvem as vozes graves. O grito esconde a fome. Quando o desespero passa do ponto, o faminto come a própria boca. O odor metálico do sangue enjoa. A vida se degrada quando a pele se abre. A lepra da ferrugem não dá cabo ao ferro. Mesmo retorcido, o esquecimento segue no tempo, em malhas. Nada sobra, tudo soçobra. Ninguém se acaba com inteireza. Raízes – vias imóveis que se descaminham. O futuro sempre futura. Os pés em rumo falso não deixam rastros, mas ruínas. A taça, de borco, transborda o oco. No pleno o vazio se represa. Desprezo jamais é absoluto. As aranhas, por exemplo, se teiam no desvão dos caibros. A teoria está à mão. A prática, no gesto. O cume do morro corta as nuvens. O gume do facão, o talo das flores. Vaias são sinceras. Palmas, mentirosas. A peste se veste de sorrisos. Sorrisos prefaciam lágrimas. Donde se conclui que só na última linha – como no derradeiro suspiro de um homem – é que se finda uma história.

15. ANEXOS

Anexe apenas o essencial, que não cabia aparecer antes, no corpo maior, embora esteja unido a ele como o feto à placenta. A etiqueta de uma roupa vai no forro, desconfie se estiver do lado de fora. A etiqueta não se entrega, à primeira vista, mas pelo corte, pelo tecido e pela estampa, sabemos de seu naipe. Assim é, também, aquele que bate à sua porta. Mesmo invisíveis, lá estão todas as suas marcas. A cicatriz no rosto, às vezes, é a que menos importa. Lembre-se de que, ao abrir um *e-mail*, não há como se livrar do que vêm nele atachado. Assim, um homem: quando chega, traz todas as ocorrências de sua história. O filho do primeiro casamento. A queda da moto. O dia que o demitiram por estelionato. Assim, uma mulher: nos olhos, cada um de seus sangramentos. Nos cabelos, as carícias de uns dedos apaixonados e do vento. No jeito de andar, seu pendor para as leis ou para a desobediência. Se sentir que a bolsa pesa sobre os ombros, elimine tudo o que não é perda, ferida, saudade. Com o copo cheio demais, molha-se o queixo. Já o copo vazio não pede sede, clama por espera e paciência. Se seu rosto estiver rígido, desane-xe suas crenças, nem se for para dar a elas um respiro. E deixe, deixe o abraço para o final, quando não se espera mais nada de seus braços. Ou o beijo, quando nada mais parecia sair de seus lábios. O beijo é uma palavra. Quase sempre de saída. Costuma causar surpresa quando a palavra, do beijo, é um simples obri-gado. Reza o protocolo agradecer logo à entrada. Mas os lábios, em silêncio, mesmo impondo-lhes resistência, vivem trêmulos nas despedidas.

Referências Bibliográficas

Adonis. *Poemas*. São Paulo, Companhia das Letras, 2012.

Adorno, Theodor W. "O Ensaio como Forma". *Notas de Literatura*. Trad. Jorge de Almeida. São Paulo, Editora 34, 2003.

Aguiar, Lisiane Machado. *Normalizações do Saber-Poder Metodológico no Campo da Comunicação: Por Um Étodo da Diferença nos Processos Institucionais de Produção de Conhecimento Científico*. Tese de Doutorado. Porto Alegre, Universidade Federal do Rio Grande do Sul, 2017. Disponível em: http://hdl.handle.net/10183/158509. Acesso em 24-4-2018.

Andrade, Carlos Drummond de. *A Paixão Medida*. 2. ed. Rio de Janeiro, José Olympio, 1980.

____. *Corpo*. Rio de Janeiro, Record, 1984.

____. *Reunião: 10 Livros de Poesia*. 8. ed. Rio de Janeiro, José Olympio, 1977.

Aristóteles. *Tópicos*. São Paulo, Nova Cultural, 1987 (Os Pensadores).

Auster, Paul. *Todos os Poemas*. Trad. Caetano W. Galindo. São Paulo, Companhia das Letras, 2013.

Baccega, Maria Aparecida. "Inter-Relações Comunicação e Consumo na Trama Cultural: o Papel do Sujeito Ativo". *In:* Carrascoza, João Anzanello & Rocha, Rose de Melo (orgs.). *Consumo Midiático e Culturas da Convergência*. São Paulo, Miró Editorial, 2011.

BAKHTIN, Mikhail. *Marxismo e Filosofia da Linguagem*. São Paulo, Hucitec, 1979.

BANDEIRA, Manuel. *Estrela da Vida Inteira*. São Paulo, Círculo do Livro, 1995.

BARROS, Manoel de. *Arranjos para Assobio*. Rio de Janeiro, Alfaguara, 2016.

_____. *O Guardador de Águas*. São Paulo, LeYa, 2013.

_____. *O Livro das Ignorãças*. Rio de Janeiro, Alfaguara, 2016.

_____. *Poemas Concebidos sem Pecado e Face Imóvel*. Rio de Janeiro, Alfaguara, 2016.

BAUDRILLARD, Jean. *O Sistema dos Objetos*. 5. ed. São Paulo, Perspectiva, 2012.

BAUMAN, Zygmunt. *Amor Líquido. Sobre a Fragilidade dos Laços Humanos*. Rio de Janeiro, Zahar, 2004.

_____. *Vida para Consumo. A Transformação das Pessoas em Mercadoria*. Rio de Janeiro, Zahar, 2008.

BELMIRO, Celia Abicalil (org.). *Onde Está a Literatura? Seus Espaços, seus Leitores, seus Textos, suas Leituras*. Belo Horizonte, Editora UFMG, 2014.

BENEDETTI, Mario. *Antología Poética*. Buenos Aires, Sudamericana, 1994.

BENJAMIN, Walter. *Passagens*. Belo Horizonte, Editora UFMG, 2007.

BERGER, John. *Modos de Ver*. Barcelona, Gustavo Gilli, 1975.

BETTETINI, Gianfranco. *La Conversación Audiovisual*. Barcelona, Cátedra, 1996.

BIZZOCCHI, Aldo. *Anatomia da Cultura. Uma Nova Visão sobre a Ciência, Arte, Religião, Esporte e Técnica*. São Paulo, Palas Athena, 2003.

BONVICINO, Régis. "O Poema Antifuturista de Drummond". *Sibilia*, 29.4.2009. Disponível em: http://sibila.com.br/critica/o-poema-antifuturista-de-drummond/2801. Acesso em 18-2-2014.

BOSI, Alfredo. *Entre a Literatura e a História*. São Paulo, Editora 34, 2013.

_____. *Machado de Assis. O Enigma do Olhar*. São Paulo, Ática, 2000.

BOURDIEU, Pierre. *A Distinção: Crítica Social do Julgamento*. São Paulo/Porto Alegre, Edusp/Zouk, 2007.

_____. *As Regras da Arte. Gênese e Estrutura do Campo Literário*. Trad. Maria Lucia Machado. São Paulo, Companhia das Letras, 1996.

____. *Questões de Sociologia*. Rio de Janeiro, Marco Zero, 1983.

BRAGA, José Luiz. "Midiatização como Processo Interacional de Referência". *In:* MÉDOLA, Ana Sílvia; ARAÚJO, Denize Correa & BRUNO, Fernanda (orgs.). *Imagem, Visibilidade e Cultura Midiática*. Porto Alegre, Sulina, 2007.

BRANDÃO, Helena Nagamine. "Enunciação e Construção". *In:* FÍGARO, Roseli. *Comunicação e Análise do Discurso*. São Paulo, Contexto, 2012.

BROMBERT, Victor. "Primo Levi e o Canto de Ulisses". *Em Louvor de Anti-Heróis. Figuras e Temas da Moderna Literatura Europeia*, 1830-1980. Cotia, Ateliê Editorial, 2001.

CALVINO, Italo. *Por Que Ler os Clássicos*. São Paulo, Companhia das Letras, 2001.

CARRASCOZA, João Anzanello. "A Cena de Consumo. Um Detalhe da Estética Publicitária". *In:* ROCHA, Rose de Melo & CASAQUI, Vander (orgs.). *Estéticas Midiáticas e Narrativas do Consumo*. Porto Alegre, Sulina, 2012.

____. "Dizeres e Silenciamentos na Narrativa Publicitária Contemporânea". *In:* ATEM, Guilherme Nery; OLIVEIRA, Thaiane Moreira de & AZEVEDO, Sandro Tôrres de (orgs.). *Ciberpublicidade. Discurso, Experiência e Consumo na Cultura Transmidiática*. Rio de Janeiro, E-Papers, 2014.

____. *Do Caos à Criação Publicitária. Processo Criativo, Plágio e Ready-Made na Publicidade*. São Paulo, Saraiva, 2008.

____. "E o Vento Mudou... As Transformações do Trabalho Publicitário". *In:* CASAQUI, Vander; LIMA, Manolita Correia & RIEGEL, Viviane (orgs.). *Trabalho em Publicidade e Propaganda. História, Formação Profissional, Comunicação e Imaginário*. São Paulo, Atlas, 2011.

____. *Estratégias Criativas da Publicidade. Consumo e Narrativa Publicitária*. São Paulo, Estação das Letras e Cores, 2015.

____. "Narrativas Literárias: Retextualizações para o Estudo do Discurso Publicitário". *Conexiones. Revista Iberoamericana de Comunicación*, 2010, vol. 2, pp. 41-50.

____. *O Vaso Azul*. São Paulo, Ática, 1998.

____. "Produção e Consumo do Não-Dito: Um Elemento Estético da Campanha Publicitária da TV Folha". *In:* ROCHA, Rose de Melo & PERES-NETO, Luiz (orgs.). *Memória, Comunicação e Consumo: Vestígios e Prospecções.* Porto Alegre, Sulina, 2015.

____. *Razão e Sensibilidade no Texto Publicitário.* São Paulo, Futura, 2004.

____. & HOFF, Tânia. "Ecos da Literatura na Publicidade Brasileira nas Primeiras Décadas do Século XX". *In:* CASTRO, Gisela Grandeiro da Silva & BACCEGA, Maria Aparecida (orgs.). *Comunicação e Consumo nas Culturas Locais e Global.* São Paulo, ESPM, 2009.

____. "Narrativa Publicitária: Modernização e Consumo no Brasil dos Anos 1950. Primeiro Movimento". *In:* PEREZ, Clotilde & TRINDADE, Eneus (orgs.). *Como Anda a Publicidade?* Salto, Schoba/ABP2, 2011.

CARRASCOZA, João Anzanello & SANTARELLI, Christiane. *Tramas Publicitárias. Narrativas Ilustradas de Momentos Marcantes da Publicidade.* São Paulo, Ática, 2009.

CASAQUI, Vander; LIMA, Manolita Correia & RIEGEL, Viviane (org.). *Trabalho em Publicidade e Propaganda. História, Formação Profissional, Comunicação e Imaginário.* São Paulo, Atlas, 2011.

CHEEVER, John. *28 Contos.* São Paulo, Companhia das Letras, 2010.

CERVANTES SAAVEDRA, Miguel de. *Dom Quixote de La Mancha.* São Paulo, Nova Cultural, 1993.

CHEVALIER, Michel & MAZZALOVO, Gérald. *Pró Logo. Marcas como Fator de Progresso.* Trad. Roberto Galman. São Paulo, Panda Books, 2007.

CHILLÓN, Albert. *Literatura y Periodismo. Una Tradición de Relaciones Promiscuas.* Barcelona, Universitst Autònoma de Barcelona, 1999.

CITELLI, Adilson. "O Texto Astuto da Publicidade". *In:* CARRASCOZA, João Anzanello. *Do Caos à Criação Publicitária. Processo Criativo, Plágio e Ready-Made na Publicidade.* São Paulo, Saraiva, 2008.

COMPAGNON, Antoine. *O Demônio da Teoria: Literatura e Senso Comum.* 2. ed. Trad. Cleonice Paes Barreto Mourão. Belo Horizonte, Editora UFMG, 2012 (1. ed. 1999).

DIAS, Maurício Santana. "Primo Levi e o Zoológico Humano". *In:* LEVI, Primo. *71 contos.* São Paulo, Companhia das Letras, 2005.

220   A LÍRICA DO CONSUMO

DOUGLAS, Mary & ISHERWOOD, Baron. *O Mundo dos Bens: Para uma Antropologia do Consumo*. Trad. Plínio Dentzen. Rio de Janeiro, Editora UFRJ, 2006.

DUAILIBI, Roberto. *Cartas a um Jovem Publicitário. Nem Tudo É Festa. Como Vencer na Vida Fazendo Muita Força!* Rio de Janeiro, Elsevier, 2006.

DUVIVIER, Gregório. *Ligue os Pontos: Poemas de Amor e Big Bang.* São Paulo, Companhia das Letras, 2013.

ECO, Umberto. *Obra Aberta*. Trad. Sebastião Uchoa Leite. São Paulo, Perspectiva, 1981.

____. *Sobre Literatura*. Trad. Eliana Aguiar. Rio de Janeiro, Record, 2013.

FAUSTO NETO, Antonio. "As Bordas da Circulação". *Alceu*, vol. 10, n. 20, jan./jun. 2010.

FEATHERSTONE, Mike. *Cultura de Consumo e Pós-Modernismo.* São Paulo, Nobel, 1995.

FEMINA, Jerry Della. *Mad Men. Comunicados do Front Publicitário.* Rio de Janeiro, Record, 2011.

FERRÉZ. *Capão Pecado.* São Paulo, Planeta, 2013.

____. *Os Ricos Também Morrem.* São Paulo, Planeta, 2017.

FIELD, Syd. *Manual do Roteiro.* Rio de Janeiro, Objetiva, 1995.

FITZGERALD, Francis Scott. *O Grande Gatsby.* São Paulo, Leya, 2013.

____. "A Soneca de Gretchen". *Seis Contos da Era do Jazz e Outras Histórias.* Rio de Janeiro, José Olympio, 2009.

FLAUBERT, Gustave. *Madame Bovary.* São Paulo, Nova Alexandria, 1993.

FONTELELLE, Isleide Arruda. *O Nome da Marca. McDonald's, Fetichismo e Cultura Descartável.* São Paulo, Boitempo, 2002.

FRANKL, Viktor. *El Hombre en Busca de Sentido.* Barcelona, Herder, 2007.

FREYRE, Gilberto. *O Escravo nos Anúncios de Jornais Brasileiros do Século XIX.* 4. ed. São Paulo, Global, 2010.

FUENTES, Carlos. *Eu e os Outros. Ensaios Escolhidos.* Rio de Janeiro, Rocco, 1989.

GARCÍA CANCLINI, Néstor. *Consumidores e Cidadãos: Conflitos Multiculturais da Globalização.* 8. ed. Trad. Maurício Santana Dias. Rio de Janeiro, Editora UFRJ, 2010 (1. ed. 1995).

GIANNETTI DA FONSECA, Eduardo. *O Valor do Amanhã.* São Paulo, Companhia das Letras, 2005.

GRAMSCI, Antonio. *Cadernos do Cárcere*. 4. ed. Rio de Janeiro, Civilização Brasileira, 2004, vol. 2: *Os Intelectuais. O Princípio Educativo. Jornalismo*.

GREGOLIN, Maria do Rosario. *Discurso e Mídia: A Cultura do Espetáculo*. São Carlos, Claraluz, 2004.

GULLAR, Ferreira. *Em Alguma Parte Alguma*. Rio de Janeiro, José Olympio, 2010.

_____. *Toda Poesia*. 12ᵃ ed. Rio de Janeiro, José Olympio, 2004.

HANSEN, Fabio. *(In)verdades sobre os Profissionais de Criação: Poder, Desejo, Imaginação e Autoria*. Porto Alegre, Entremeios, 2013.

HELDER, Herberto. *Os Passos em Volta*. Rio de Janeiro, Azougue, 2010.

INGLIS, Frend. *Breve História da Celebridade*. Trad. Eneida Vieira Santos e Simone Campos. Rio de Janeiro, Versal, 2012.

KAVÁFIS, Konstantinos. *Poemas*. Rio de Janeiro, Nova Fronteira, 1982.

KLEE, Paul. *Diários*. São Paulo, Martins Fontes, 1990.

LAHIRI, Jhumpa. *Intérprete de Males*. São Paulo, Biblioteca Azul, 2014.

LEMINSKI, Paulo. *Toda Poesia*. São Paulo, Companhia das Letras, 2013.

LESSA, Orígenes. "O Caso de Madame Stein". *In*: CARRASCOZA, João Anzanello & YVES, Pedro (orgs.). *A Propaganda e o Sonho. Orígenes Lessa e o Universo Publicitário*. São Paulo, Singular, 2011.

LEVI, Primo. "Escrito na Testa". *71 contos*. Trad. Maurício Santana Dias. São Paulo, Companhia das Letras, 2005.

LEVY, Armando. *Propaganda: A Arte de Gerar Descrédito*. Rio de Janeiro, Editora FGV, 2003.

LIMA BARRETO, Afonso Henriques de. "Um e Outro". *In*: FREITAS, Fernanda & AMARO, Vagner (orgs.). *Lima Barreto por Jovens Leitores*. Belo Horizonte, Autêntica, 2014.

LINS, Álvaro. "Valores e Misérias das Vidas Secas". *In*: RAMOS, Graciliano. *Vidas Secas*. 82. ed. Rio de Janeiro, Record, 2001.

LIPOVETSKY, Gilles. "Sedução, Publicidade e Pós-Modernidade". *Famecos*, Porto Alegre, n. 12, jul. 2000.

MACHADO DE ASSIS, Joaquim Maria. *Memórias Póstumas de Brás Cubas*. Rio de Janeiro, Ediouro, 1997.

MAFFESOLI, Michel. *O Tempo das Tribos: O Declínio do Individualismo nas Sociedades de Massa*. 3. ed. Rio de Janeiro, Forense Universitária, 2000.

MALLARMÉ, Stéphane. "Um Lance de Dados Jamais Abolirá o Acaso". *In*: CAMPOS, Augusto de; PIGNATARI, Décio & CAMPOS, Haroldo de. *Mallarmé*. 3. ed. São Paulo, Perspectiva, 1991.

MARQUES, Ana Martins. "Coleção". *In*: COHN, Sergio (org.). *Poesia.br*. Rio de Janeiro, Beco do Azougue, 2012.

MARTÍN-BARBERO, Jesús. *Dos Meios às Mediações. Comunicação, Cultura e Hegemonia*. 6. ed. Trad. Ronald Polito e Sérgio Alcides. Rio de Janeiro, Editora UFRJ, 2009.

MARX, Karl. *Contribuição à Crítica da Economia Política*. São Paulo, Martins Fontes, 2003.

____. *O Capital. Crítica da Economia Política*. São Paulo, Boitempo, 2013. Livro I: *O Processo de Produção do Capital*.

MATOS, Olgária. "A Cena Primitiva. Capitalismo e Fetiche em Walter Benjamin". *In*: BACCEGA, Maria Aparecida (org.). *Comunicação e Culturas do Consumo*. São Paulo, Atlas, 2008.

MCEWAN, Ian. "Apostasia Ficcional". *Folha de S. Paulo*, 24.2.2013 (Ilustríssima).

MENNA BARRETO, Roberto. *O Copy Criativo: 177 Magníficos Textos de Propaganda (Para Ver se Você Finalmente Aprende a Redigir um)*. Rio de Janeiro, Qualitymark, 2004.

MILLER, Arthur. *Eu Não Preciso Mais de Você e Outros Contos*. São Paulo, Companhia das Letras, 2015.

MORICONI, Ítalo (org.). *Os Cem Melhores Contos Brasileiros do Século*. Rio de Janeiro, Objetiva, 2000.

____. "Poesia do Aquém". *In*: BARROS, Manoel de. *Poemas Concebidos Sem Pecado e Face Imóvel*. Rio de Janeiro, Alfaguara, 2016.

OLIVEIRA, Nelson de. *Axis Mundi. O Jogo de Forças na Lírica Portuguesa Contemporânea*. Cotia, Ateliê Editorial, 2009.

OLIVETTO, Washington. "Com Alguma Razão e Certa Sensibilidade". *In*: CARRASCOZA, João Anzanello. *Razão e Sensibilidade no Texto Publicitário*. São Paulo, Futura, 2004.

ORLANDI, Eni Puccinelli. *Análise de Discurso. Princípios & Procedimentos*. 6. ed. Campinas, Pontes, 2005.

OSTROWER, Fayga. *Criatividade e Processos de Criação*. Petrópolis, Vozes, 1978.

_____. *Acasos e Criação Artística*. Rio de Janeiro, Campus, 1990.

PAIXÃO, Fernando. *Arte da Pequena Reflexão. Poema em Prosa Contemporâneo*. São Paulo, Iluminuras, 2014.

PAULINO, Roseli Aparecida Fígaro. "Perfil Sociocultural dos Comunicadores: Conhecendo Quem Produz a Informação Publicitária". *In*: CASAQUI, Vander; LIMA, Manolita Correia & RIEGEL, Viviane (orgs.). *Trabalho em Publicidade e Propaganda. História, Formação Profissional, Comunicação e Imaginário*. São Paulo, Atlas, 2011.

PEREC, Georges. *As Coisas: Uma História dos Anos Sessenta*. São Paulo, Companhia das Letras, 2012.

PERELMAN, Chaim. & OLBRECHTS-TYTECA, Lucie. *Tratado da Argumentação: A Nova Retórica*. 5. ed. São Paulo, Martins Fontes, 2002.

PESSOA, Fernando. "A Arte do Comércio". *In*: BERARDINELLI, Cleonice (org.). *Fernando Pessoa. Alguma Prosa*. 5. ed. Rio de Janeiro, Nova Fronteira, 1990.

_____. *Poesias de Álvaro de Campos*. Lisboa, Ática, 1993.

PIGLIA, Ricardo. *O Laboratório do Escritor*. São Paulo, Iluminuras, 1994.

PIRATININGA, Luiz Celso de. *Publicidade: Arte ou Artifício?* São Paulo, T.A. Queiroz, 1994.

PROPP, Vladimir. *Morfologia do Conto Maravilhoso*. Rio de Janeiro, Forense Universitária, 1984.

QUINTANA, Mário. *Caderno H*. Rio de Janeiro, Objetiva, 2013.

RAMOS, Graciliano. *Vidas Secas*. 82. ed. Rio de Janeiro, Record, 2001.

RAMOS, Ricardo. *Do Reclame à Comunicação. Pequena História da Propaganda no Brasil*. São Paulo, Atual, 1985.

RILKE, Rainer Maria. *Os Cadernos de Malte Laurids Brigge*. Porto Alegre, L&PM, 2009.

ROCHA, Everardo. "Culpa e Prazer: Imagens do Consumo na Cultura de Massa". *Comunicação, Mídia e Consumo*, vol. 2, n. 3, pp. 123-138, mar. 2005.

_____. *Magia e Capitalismo. Um Estudo Antropológico da Publicidade*. 3. ed. São Paulo, Brasiliense, 1995.

_____.; FRID, Marina & CORBO, William. *Paraíso do Consumo: Émile Zola, a Magia e os Grandes Magazines*. Rio de Janeiro, PUC-Rio/Mauad, 2016.

SAFLATE, Vladimir. "Identidades Flexíveis como Padrão da Retórica de Consumo". *In:* CAEPM – Centro de Altos Estudos em Propaganda e Marketing (org.). *Bravo Mundo Novo. Novas Configurações da Comunicação e do Consumo*. São Paulo, Alameda, 2009.

SALLES, Cecilia Almeida. *Gesto Inacabado: Processo de Criação Artística*. 2. ed. São Paulo, Fapesp/Annablume, 2001.

SAUNDERS, George. *Dez de Dezembro*. São Paulo, Companhia das Letras, 2014.

SAVIOLI, Francisco Platão & FIORIN, José Luiz. *Para Entender o Texto. Leitura e Redação*. São Paulo, Ática, 1989.

SCHOPENHAUER, Arthur. *O Mundo como Vontade e como Representação*. São Paulo, Editora Unesp, 2005.

SCHUDSON, Michael. *Advertising: The Uneasy Persuasion*. New York, Basic Books, 1986.

SLATER, Don. *Cultura do Consumo e Modernidade*. São Paulo, Nobel, 2005.

TELLER, Janne. *Nada*. Rio de Janeiro, Record, 2013.

TELLES, Lygia Fagundes. "Natal na Barca". *In:* LISPECTOR, Clarice *et al. Para Gostar de Ler*. São Paulo, Ática, 1996. Vol. 9: *Contos*.

TOLSTÓI, Liev. *Os Últimos Dias*. Trad. Anastassia Bytsenko, Belkiss J. Rabello, Denise Regina de Sales, Graziela Schneider e Natalia Quintero. São Paulo, Penguin Companhia, 2011.

TORRES I PRAT, Joan. *Consumo, Luego Existo. Poder, Mercado y Publicidad*. Barcelona, Icaria, 2005.

TOSCANI, Oliviero. *A Publicidade É um Cadáver que nos Sorri*. Rio de Janeiro, Ediouro, 1995.

TREVISAN, João Silvério. *Rei do Cheiro*. Rio de Janeiro, Record, 2009.

VERISSIMO, Luis Fernando. "O Desafio". *A Mãe de Freud*. Porto Alegre, L&PM, 1985.

_____. *Os Últimos Quartetos de Beethoven e Outros Contos*. Rio de Janeiro, Objetiva, 2013.

WILLIAMS, Raymond. *Keywords: A Vocabulary of Society and Culture.* London, Fontana/Croom Helm, 1976.

WITTGENSTEIN, Ludwig. *Investigações Filosóficas.* São Paulo, Nova Cultural, 1976.

WOOD, James. *Como Funciona a Ficção.* Trad. Denise Bottmann. São Paulo, Cosac Naify, 2011.

ZOLA, Émile. *O Paraíso das Damas.* São Paulo, Estação Liberdade, 2008.

Coleção AZUL de Comunicação e Cultura

1. *Teorias da Comunicação: Muitas ou Poucas?*, Charles R. Berger, Luiz C. Martino & Robert T. Craig (orgs.)
2. *A Imagem Espectral Comunicação, Cinema e Fantasmagoria Tecnológica*, Erick Felinto
3. *Comunicação e Identificação: Ressonâncias no Jornalismo*, Mayra Rodrigues Gomes
4. *Fetichismos Visuais: Corpos Erópticos e Metrópole Comunicacional*, Massimo Canevacci
5. *TV Digital.Br: Conceitos e Estudos sobre o ISDB-Tb*, S. Squirra Valdecir Becker
6. *Sociologia da Leitura*, Chantal Horellou-Lafarge & Monique Segré

Título	A Lírica do Consumo
Autor	João Anzanello Carrascoza
Editor	Plinio Martins Filho
Produção Editorial	Millena Machado
Editoração Eletrônica	Igor Souza
Revisão	Victória Thomé
Formato	14 X 21 cm
Tipologia	Sabon LT Pro
Capa	Ateliê Editorial
Papel	Chambril Avena 80 g/m²
Número de Páginas	232
Impressão e Acabamento	Bartira Gráfica